2019

# 中国支线航空业发展研究

《中国支线航空产业发展研究》编委会
——编著

科学出版社
北京

# 内 容 简 介

本书从航空产业自身角度解构支线航空在我国国家战略发展、交通运输体系和民航运输网络中的地位，描述目前全球和中国支线航空产业生态，探讨支线航空与干线航空的关系，分析支线航空的本质，从而界定支线航空产业的相关核心概念，剖析制约支线航空产业发展的因素，并提出未来产业发展的建议。

**图书在版编目 (CIP) 数据**

中国支线航空产业发展研究 /《中国支线航空产业发展研究》编委会编著. —
北京：科学出版社，2020.9

ISBN 978-7-03-064755-9

I. ①中… Ⅱ. ①中… Ⅲ. ①支线航空－民用航空－产业发展－研究－中国
Ⅳ. ① F562

中国版本图书馆 CIP 数据核字（2020）第 054453 号

责任编辑：张　婷 / 责任校对：杨　然
责任印制：师艳茹 / 封面设计：赵宏扬

编辑部电话：010-64003228
E-mail: zhangting@mail.sciencep.com

**科 学 出 版 社** 出版
北京东黄城根北街 16 号
邮政编码：100717
http://www.sciencep.com
**中国科学院印刷厂** 印刷
科学出版社发行　各地新华书店经销

\*

2020 年 9 月第　一　版　　开本：787×1092　1/16
2020 年 9 月第一次印刷　　印张：12 1/4
字数：150 000

定价：**128.00** 元
（如有印装质量问题，我社负责调换）

# 编 委 会

主 任：王荇卫　谢灿军
顾 问：汤小平　刘乾西　刘济美

编 委：

专 家：

前言

　　随着世界航空运输业的充分发展、市场竞争不断加剧，航空公司的管理逐渐精细化，分工也更加细化，民航运输逐渐分化为干线航空与支线航空。

　　自中华人民共和国民用航空（简称"民航"）创立伊始，就确立了"人民航空为人民"的行业宗旨，把保证安全、改善服务、满足人民群众需求作为民航发展的根本原则。进入 21 世纪，中国支线航空产业不断发展，国产新舟飞机和 ARJ21 飞机先后投入航线运营，支线航空的市场规模随着国民经济的增长而不断扩大。但同时，我们也看到，目前，我国的支线航空产业与西方发达国家相比还有很大差距，发展还存在若干制约因素，如果能够对制约因素进行综合施策，目前的差距也恰恰是可以使中国支线航空快速发展的历史机遇。

　　近年来，国家有关主管部门、学术界及行业相关企业对如何发展支线航空产业进行了深入而持续的探讨，已经达成很多初步共识，采取了很多卓有成效的应对措施。随着中国民航高质量发展目标的提出，支线航空产业服务国家战略和满足人民美好生活需要的价值日益凸显，我国支线航空产业正迎来发展的黄金期。

　　《中国支线航空产业发展研究》从产业自身角度解构支线航空在国家战略发展、交通运输体系和民航运输网络中的地位，描述目前全球和中国支线航空产业生态，探讨支线航空与干线航空的关系，分析支线航空的本质，从而界定支线航空产业的相关核心概念，剖析制约支线航空产业发展的因素，并提出未来产业发展的建议。

第 1 章支线航空产业概述，划定本书讨论的支线航空产业的范围包括运输业和制造业。本章以区分旅客流量为核心，通过五个要素——支线机场、支线航线、支线飞机、支线航空运输业务和支线航空公司界定支线航空运输业。同时，把握国家经济高质量发展的方向，从改善交通通达性、促进地方经济发展、优化民航网络效率和提升国家航空工业制造水平等方面，阐述发展支线航空的重大意义。

第 2 章支线航空运输业现状与分析，总结国内外支线航空运输业的发展历程和发展模式。本章分析美国和欧洲支线航空充分发展的动因和成熟的商业模式，描述中国航空运输业宏观背景、支线航空市场状态及支线航空补贴情况等，介绍和分析中国支线航空商业运营模式，并论述高铁与支线航空的关系，进而勾勒出中国支线航空运输业发展的整体态势。

第 3 章支线航空制造业现状与分析，介绍了国内外支线航空制造业的发展情况，全球主要支线飞机型号和主制造商。通过分析飞机产品和产业格局变化，描述支线航空制造业的整体态势。

第 4 章发展支线航空产业的思考与建议，对全书进行总结和观点提炼，展望中国支线航空发展的前景，从支线飞机执飞支线航线这个破局点入手，梳理观念、政策、资源、运营保障等方面制约支线航空产业发展的因素，并针对存在的挑战，提出发展中国支线航空产业的若干建议。

前言

| 001 | 第1章  支线航空产业概述 |

003  01 支线航空产业的相关概念
005      支线机场
006      支线航线
008      支线飞机
008      支线航空运输业务
009      支线航空公司

010  02 发展支线航空产业的意义
010      发展支线航空运输业的意义
013      发展支线航空制造业的意义
015      中国民航站在了高质量发展的新起点

| 019 | 第2章  支线航空运输业现状与分析 |

021  01 国外支线航空运输业发展概况
021      全球支线航空运输业概况
023      美国支线航空运输业概况
035      欧洲支线航空运输业概况

041  02 中国支线航空运输业发展概况
041      中国航空运输业发展历程

| | |
|---|---|
| 046 | 综合交通体系中的航空运输业 |
| 048 | 中国的高铁与航空运输 |
| 056 | 中国的支线航空市场 |
| 070 | 中国支线航空商业运营模式 |
| 080 | 中国支线航空运输补贴 |

**089  第3章  支线航空制造业现状与分析**

**091  01 国外支线航空制造业发展情况**

| | |
|---|---|
| 091 | 国外支线航空制造业发展历程 |
| 094 | 国外支线航空制造业的现状 |
| 104 | 国外支线航空制造业态势 |

**107  02 国内支线航空制造业发展情况**

| | |
|---|---|
| 107 | 国内支线航空制造业发展历程 |
| 111 | 国内支线航空制造业的现状 |

**121  第4章  发展我国支线航空产业的思考与建议**

**123  01 我国支线航空产业前景广阔**

| | |
|---|---|
| 123 | 经济增长促进航空运输业持续向好发展 |
| 126 | 支线航空运输市场有望持续增长 |
| 129 | 运输业和制造业有望互相促进 |

**131** **02 用支线飞机执飞支线航线**

131　　支线航线中的干支运营情况

133　　支线飞机提高支线网络通达性

135　　支线飞机在支线航线上更具经济优势

137　　支线飞机有利于"基本航空服务计划"的推行

137　　支线飞机有利于缓解大型机场时刻等资源的紧张程度

**139** **03 我国支线航空产业发展面临的挑战**

139　　观念方面：正确认识支线飞机与干线飞机

141　　政策方面：需更加精准的引导

142　　资源方面：存在瓶颈

145　　运营服务保障体系有待完善

**148** **04 发展我国支线航空产业的建议**

148　　加强顶层设计规划

150　　明晰支持政策和调整支持力度

150　　资源划分助力支线航空发展

151　　产业贯通形成支线航空发展的合力

**155** **附录 I　中国支线航空市场展望**

**161** | **附录 II　全球支线航空热点扫描**

**161** | **01 国外支线航空动态**
161 | 行业动态
167 | 型号动态

**175** | **02 国内支线航空动态**
175 | 行业动态
177 | 型号动态

**181** | **参考文献**
**183** | **后记**

# 第 1 章

支线航空产业概述

改革开放以来，伴随我国经济的高速增长，老百姓的衣食住行发生了翻天覆地的变化。在出行方面，人们最明显的感受之一，就是坐飞机成为越来越普通的一件事。中国航空运输业不断发展，逐渐出现了干线航空、支线航空之分，产业精细化程度越来越深，寻求区分干线航空与支线航空的呼声也越来越大。本章从支线航空在航空运输业中的地位出发，探讨支线航空与干线航空的关系，分析支线航空的本质，界定支线航空产业相关的核心概念，并阐述发展支线航空产业的重要意义。

# 01 支线航空产业的相关概念

　　航空运输是综合交通运输体系的重要组成部分，而支线航空是航空运输的核心组成部分之一。通常意义上看，支线航空产业主要包括支线航空制造业、支线航空运输业及支线航空服务业。本书主要研究支线航空制造业和运输业，两者相辅相成，从供需两端共同主导着支线航空产业的发展。支线航空服务业涵盖特种作业人员培训、飞机维修、飞机租赁等，本书暂不做分析。

　　支线航空运输业，是航空运输业的有机组成部分，与干线航空运输一起构成航空运输业的主体。本书专注研究从事公共运输的、以定期航班服务为主的支线航空运输业，涉及机场、航线、飞机、保障和管理等要素。目前，如何准确地界定支线航空运输业，国内外尚未形成统一、公认的方法和标准，各个国家、地区界定此问题的思考角度和尺度也不尽相同。

　　支线航空制造业，是航空制造业的重要组成部分，指支线飞机研发、生产等活动形成的产业，主要包含支线飞机、发动机及零部件的研发和生产。支线飞机是旅客出行的交通工具，是航空公司用来盈利的生产工具，从供给方面对支线航空运输业产生直接影响。通常情况下，一架飞机包含的零件数量高达数百万个，需要成百上千家配套供应商，涉及的产业链非常庞大，对国民经济和相关产业的带动作用巨大。

相对于支线航空制造业，支线航空运输业的内涵比较复杂，边界不太清晰。事实上，支线航空是航空运输业发展到一定程度后才逐步发展起来的。我们认为，干线航空和支线航空之分，根源上就是旅客流量之分。具体地说，随着航空运输业的充分发展，市场竞争不断加剧，航空公司的管理趋于精细化，分工也更加细化，体现在运输工具上，就是在一定范围旅客流量的航线上使用一定范围座级的飞机，通过调整运力分配，达到节约成本和扩大利润的效果。在这个过程中，出现了支线航空这一细分市场，专门为低旅客流量航线设计的支线飞机也应运而生。从干线和支线的关系来看，干支的表现形式是多种的，可以像河流分支，也可以像两个通过轴承连接在一起的车轮，甚至可以像蛛网一般，最典型的表现形式之一便是美国的"枢纽-轮辐式"航线网络结构[①]，如图1-1（a）所示。

我国的航线结构以城市间"点对点"（即"城市对"）飞行为主，如图1-1（b）所示，截至2017年底，除北京首都国际机场、上海浦东国际机场、上海虹桥国际机场、广州白云国际机场带有明显"国际门户"的功能外，只有少数几个城市（如昆明和乌鲁木齐）的机场出现"枢

---

① 从机场的功能特征出发，通常可以把机场划分为枢纽机场和非枢纽机场。前者又有国际（中心）和区域级别的划分。所谓枢纽机场，除了有密集的航线汇集和高流量的客流量，特别是高比例的中转客流量的"进出门户"功能外，同时还应该具备良好的航班衔接协调计划能力和满足旅客中转需求的地面设施保障能力，实现以大流量旅客集散为标志的中转功能。与国外相比，国内机场枢纽功能普遍比较弱，当前，北京、上海和广州等地的"国际门户"机场具有向国际（中心）枢纽机场发展的优势；而成都、昆明、深圳、重庆、西安、乌鲁木齐和哈尔滨等地的机场随着国内外航线的开发和机场建设的改善，逐渐呈现区域枢纽机场的性质。

纽-轮辐式"航线网络特点。在以"城市对"为主的航线构架中，干支的表现形式是模糊的，干线和支线运输业务的界线不易被清晰界定。

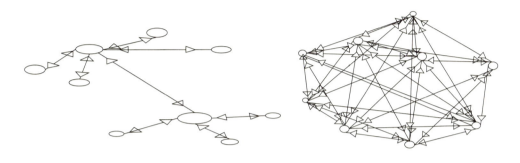

(a) "枢纽-轮辐式"航线网络结构      (b) "点对点"航线结构

图 1-1 航空运输航线结构

通过对我国目前干支网络界线模糊的成因进行分析，我们发现，人口分布特点、地理环境特点、国家宏观政策和经济环境、综合交通体系结构及民航业"扮演"的"角色"等因素共同作用，形成了我国航空运输业的发展历程及目前无法对干支网络表现形式进行清晰界定的现状。

如何清晰界定支线航空，多年以来一直是支线航空产业讨论的话题，也存在颇多争议。本书以区分旅客流量为核心，通过五个要素——支线机场、支线航线、支线飞机、支线航空运输业务和支线航空公司，对支线航空这一概念进行描述。对这五个要素的定义并不是简单总结现状，而是从回答"怎样更好""应该怎样"出发，去界定这些要素及其应当承担的功能。目的是让干线、支线"扮演"的"角色"更加清晰，为整个支线航空产业后续的规划和发展提供参考。

## → 支线机场

国际上并无支线机场的统一定义。在我国，为了鼓励小流量机场的通航，中国民用航空局民航发〔2017〕30号文件规定，将年旅客吞吐量200万人次（含）以下的民用机场作为支线运营的始发或到达标准。这个定义比较符合我国的实际情况，建议作为国内支线机场的定量化标准。

根据2017年中国民航机场吞吐量的统计，在有定期航班通航的228个国内机场中[①]，年旅客吞吐量低于200万人次的机场有171个，占机场总数的75%。需要说明的是，以年旅客吞吐量为界定准则，随着航空运输市场的不断发展，国内支线机场的组成和数量将动态地变化。

## ✈ 支线航线

航线，是指连接起降两地的空中交通线。干线、支线航线的说法是借助旅客流量区分航线的特性，支线向干线输送旅客流量，干线的旅客流量（如年旅客流量）一般比支线大。

在"枢纽-轮辐式"航线网络中，干线和支线航线的界线相对明确：枢纽之间的航线为干线航线，其余连接枢纽、以集散旅客为目标的航线均可视为支线航线。虽然这是以运营模式中的角色功能来界定干线和支线航线，但仍然体现了支线航线旅客流量偏小的特征。

根据中国民用航空局民航发〔2017〕30号文的规定，我国将起降一端基于支线机场的"省（自治区）内航线"和"跨省（自治区）600公里以内"的航线归为支线航线。这个规定强调两点，一是支线航线必须与支线机场相关，二是支线航线必须是"短"航线。应该说，中国民航对支线航线的定义突出"短""瘦"的特点，比较符合大众对"支线"

---

① 截至2017年，我国境内民用航空（颁证）机场共有229个（不含香港、澳门和台湾，下同），其中有定期航班通航的机场228个，定期航班通航城市224个。

两字内涵的预期，如果结合西方国家"枢纽-轮辐式"中对支线航线的界定，可以说，中外对支线航线"瘦"的特征的认识是一致的，差异可能就在于对航线"长短"的认识。

20 世纪中期，西方航空运输界注意到，在成熟的"枢纽-轮辐式"航线网络环境下，"瘦而长"的航线具有很大的发展空间，并提出"点对点"性质的区域运营概念，推动了主打"瘦长"型航线市场的支线飞机的诞生，将之与传统支线运输企业融合，形成不同于干线运营的区域运营航空公司（regional airliner）。

分析我国的情况，首先，国家大力倡导发展区域经济，从支线航空促进区域经济发展的角度来看，以行政区域如省（自治区）来划分支线航线并不合适。其次，国内航线的平均航段距离为 926 公里，存在大量的"城市对"间低旅客流量的"瘦长"型航线，这些航段超出了 600 公里支线航线的限制，更适合涡扇飞机运营[①]，但使用干线飞机运营又呈现低客座率、低频率的问题，既难以保证让航空公司盈利，又无法满足旅客便利出行的需求。事实上，中低旅客流量航线的始发和到达并不一定都是年旅客吞吐量 200 万人次（含）以下的民用机场，即使两个年旅客吞吐量 500 万人次的民用机场之间，也可能出现中低客流量的航线。因而，如同对支线机场定义一样，旅客流量的"瘦"应该是支线航线最本质的特点，所以除了"瘦短"型的典型航线外，"瘦长"型（超过 600公里，但也不应过长）航线也可以列入我国支线运输的范畴。

依据上述分析，为了体现航空运输网络体系中支线航线的本质特点，反映国内航空运输市场的现实，满足支线航空运输业的快速发展和

---

① 从运营经济性来看，航程距离小于 600 公里更适合使用涡桨支线飞机，而当航程距离大于600 公里时，涡扇支线飞机的运行经济性优于涡桨支线飞机。

释放地方经济活力的强烈需要，我们建议结合支线机场与旅客流量两个要素定义支线航线：飞机执飞一端为支线机场或任何中低旅客流量的中短途航线，均可称为支线航线。支线机场和中低客流量都具有相对性，在特定时间，需要对"何为支线机场、何为中低客流量、何为中短途"进行量化。这个定义具有一定的扩展性，随着航空运输业的发展，量化的标准可以依据国家、地区航空运输市场和管理的需求做出相应的调整。国际化标准的统一规定对我国未必合适和实用。

## ✈ 支线飞机

飞机是航空公司盈利的工具，在商业运营中，需要考虑使用多大的、多少航程的飞机，通过规划合理的航线使飞机在合适的机场起飞和降落。从运营精细化角度讲，旅客流量大的航线用座级较大的飞机，旅客流量小的航线用座级较小的飞机，不同旅客流量的航线，应使用大小合适的飞机，以满足不同运营场景的需求。不同型号的飞机由于不断细分的市场需求而产生。

支线飞机是区别于干线飞机的低座级飞机。根据民航发〔2017〕30号文，支线飞机是指经民航局审定/认可，最高座位数为100座以下客舱布局的单通道飞机。2019年，民航局在民航规〔2019〕16号文中明确给出了属于支线范围的13个机型，均小于100座。

## ✈ 支线航空运输业务

根据民航发〔2017〕30号文，支线航空运输业务是从事支线航线运营的航空客货运输业务。

但依据前文对旅客流量区分是干支航线区分基本特征的分析，也可以说，支线航空运输业务泛指经营年旅客流量偏低的航空运营业务。从运营航线来讲，就是低客流量航线。通过支线飞机来执飞支线航线，就可以清晰准确地表述支线航空运输业务的本质特征。所以，国内对支线航空进行定义时，应考虑对使用何种运输工具的界定。既然已经存在专门针对低客流量中短途航线运营的支线飞机，那么支线航空运输业务明确定义为由支线飞机来从事支线航线运营是符合客观规律的。即真正意义上的支线航空运输业务应该是采用支线飞机从事支线航线运营的航空客货运输业务。

## ✈ 支线航空公司

支线航空公司指的是主营支线航空运输业务的航空公司。相应地，支线航空公司必然是主要运营支线飞机的航空公司。事实上，从支线飞机执飞支线航线的角度来定义整个支线航空，与中国民用航空局发布的相关规定也是非常契合的，民航发〔2016〕96 号文规定，支持投资人使用支线飞机设立支线航空公司，从事支线航空运输业务。

据统计，截至 2017 年底，我国（不含港澳台地区）共有客运航空公司 46 家，从事支线航空运输业务的有 4 家，分别是华夏航空股份有限公司（简称"华夏航空"）、幸福航空有限责任公司（简称"幸福航空"）、成都航空有限公司（简称"成都航空"）和天津航空有限责任公司（简称"天津航空"），属于本书界定的支线航空公司仅有两家，即华夏航空和幸福航空。

⟨02⟩ **发展支线航空产业的意义**

当前，我国支线航空运输业和支线航空制造业都处在发展的关键阶段，取得了一定的成绩，但仍然面临很多困难和问题。只有充分认识发展支线航空产业的重大意义，尤其是使用支线飞机执飞支线航线的支线航空产业的重大意义，才能坚定地迎接目前面临的多方面挑战。

✈ **发展支线航空运输业的意义**

支线运输是针对旅客流量偏小航线的航空运输，从整个航空运输市场来看，旅客流量偏小的航线客观存在，因此，支线航空运输的发展必然存在一定的空间。对我国而言，航空交通旅客流量偏小的航线大量存在于中西部地区，为增强民族团结、社会和谐、经济繁荣及国家安全等，支线航空运输的发展有着更特殊的意义。

第一，发展支线航空能够低成本、高效率地提高中西部等地区人民的出行便利性。我国幅员辽阔，人口相对集中，东部地区人口密集，经济较发达。中西部地区人口密度较低，尤其是西部地区，多为草原、沙漠或雪域高原，地形复杂，陆路交通建设和运营成本高，多为经济欠发达地区。在这些区域发展支线航空具有两个明显的优势：一是投入低，相比建设铁路和公路，单个机场建设成本要低很多，以高铁每公里数亿元的造价来看，几公里高铁便可修建一座支线机场，虽然支线机场投入运营后政府需要不断地补贴，但整个资金量与高铁建设运营相比，要小得多；二是见效快，支线机场建设周期短、布点快，只需 1—2 年即可满足通航条件，通过较少的前期投入，就可以对当地人民出行提供长期的服务保障。总之，支线航线可以把经济欠发达地区和地面交通不便地区，与周边社会经济发展较好的城市联结起来，保障居民基本出行的便利条件，改善投资环境，促进区域经济发展，使得这些地区的居民能够共享社会经济发展的成果，并在维护国家统一与安全、提升应对突发事件的能力、增强抢险救灾的能力等方面达到新水平。2012 年 7 月，《国务院关于促进民航业发展的若干意见》指出，要加强干线、支线衔接和支线间的连接，提高中小机场的通达性和利用率。以经济欠发达地区和地面交通不便地区为重点，采用满足安全要求的经济适用航空器，实施"基本航空服务计划"。

第二，发展支线航空有利于促进地方经济发展、促进国家社会均衡发展。经过改革开放几十年的快速发展，国内各区域在"衣、食、住"三个方面发展的差异正在逐步消除，而在"行"方面，特别是作为现代化出行方式标志之一的航空通达性方面，却存在明显的地域差异。2017年，全国支线机场的通达时间超过14小时①，而从中国任何一个省会或计划单列市到另外相同级别城市的平均通达时间则不到6小时。从中我们不难看出大中型城市和中小型城市在出行便利性方面存在明显的差距。这种差距是由经济发展程度不同造成的，也在很大程度上影响着地方经济的发展。根据国际权威机构测算，民航投入和产出比是1：8，远超其他交通运输方式，对经济拉动作用明显。国际机场理事会（Airports Council International，ACI）研究认为，机场每百万航空旅客吞吐量产生的经济效益可达1.3亿美元，创造相关就业岗位超过2 500个。据国内研究分析，我国机场每百万旅客吞吐量可以产生18.1亿元的经济效益，创造相关就业岗位5 300多个。为中小城市建立通达的航空服务，改善山高沟深或荒漠连绵的西部地区的交通条件，促使社会各要素更大范围地流动，有利于经济发达地区向欠发达地区的智力投放，加速三、四线城市发展的速度，推动城镇化建设，刺激消费升级和需求释放，从而促进区域经济发展，也是实施国家精准扶贫战略目标的着力点。

第三，发展支线航空有利于提高国内民用航空的运行效率。支线航空具有为干线航空汇集和疏散运量的功能，也具有承接通航旅客、衔接干线与通航的功能，是整个航空网络的重要环节，是航空运输核心价值的"倍增器"，是优化民航运输网络的有效解决方案。一是通过使用支线飞机将以枢纽为中心的航空网络扩展至中、低客流量机场，以较高的航班频率实现与干线航班的时段衔接，为干线航线集散旅客，有利于实

---

① 据华夏航空2016年9月发布的《中国城市通达性报告》，42个干线机场间平均通达时间为5小时；约150个支线机场到42个干线机场的平均通达时间高达14小时；约150个支线机场间的平均通达时间则高达30小时。

现交通运输网络整体效益的最大化。二是利用支线飞机提高航班频率可以缩短旅客等待时间。对于中、低客流量的航线，航空公司需要使用较少座位数的支线飞机来满足高航班频率的要求。三是利用支线航空提高中、小城市航线覆盖率，用合适的飞机执飞适合的航线，把航线延伸到客流量较低的三、四线城市，以缩短旅客旅行时间。四是释放支线航空的活力和巨大市场潜力来缓解干线压力，以使中国民航运输体系有更多的发展空间。总之，航空运输的干线和支线是相辅相成的关系，干线和支线有机结合有利于构建更加合理、覆盖率更广、服务更加全面的航线网络。

第四，发展支线航空是改善航空运输通达性整体框架的需要。交通通达性是衡量社会进步与民生的基本指标，是社会进步的标志之一，同时也是评价交通供给侧结构性改革成果的一把重要的"尺子"。通达的航空运输网络是现代国家的血脉。发展支线航空，改善支线航空的通达性，一方面，有助于提高我国航空运输大众化水平和构建干支结合、方便快捷的航空运输网络，弥补国家的整体航空战略短板，推动我国航空运输规模与质量的共同提高，助力民航强国的建设。另一方面，发展支线航空不需要单独构建航线网络，民航现有的国家干线网络在网络密度、网络连通性方面已经成熟，只要把支线放在枢纽航线网络大系统中去认识，就近连接既已形成的四通八达的干线航空网络，适当地加大支线运力投入，就可以充分利用网络效应，大幅提升航空通达性。

## ✈ 发展支线航空制造业的意义

第一，发展支线航空制造业有利于推动我国支线航空运输业的发展。我国的支线航空运输市场潜力巨大，过去由于缺乏合适的支线飞机产品，支线航空运输业的发展受到掣肘。发展我国支线航空制造业，能够精准对接国内市场需求，结合我国的地理环境、经济发展水平和人口分布等特点，提供符合市场需求的支线飞机产品，实现制造业与运输业的协同发展。随着国家西部大开发和振兴东北等发展战略的稳步推进，发展满足我国国情的支线飞机，突出高原、高高原等性能，将进一步提升支线飞机产品与市场需求的匹配度，促进我国支线航空运输业的发展。

第二，发展支线航空制造业，有利于提升国家航空制造业的整体技术水平，提升综合国力。航空制造业是国家战略性产业，在国防建设、国际贸易等方面具有不可替代的促进作用，是国家级战略工程。我国发展支线飞机不仅是为了满足支线航空市场的需求，也是为了加快我国民用航空制造业的发展步伐。《中国制造 2025》提出："加快大型飞机研制，适时启动宽体客机研制，鼓励国际合作研制重型直升机；推进干支线飞机、直升机、无人机和通用飞机产业化。突破高推重比、先进涡桨（轴）发动机及大涵道比涡扇发动机技术，建立发动机自主发展工业体系。开发先进机载设备及系统，形成自主完整的航空产业链。"我国自主研制的支线飞机能否在竞争激烈的民用飞机市场上占据一席之地，是我国民用飞机能否顺利实现产业化的关键，也是国家航空制造业整体技术水平能否提升的关键。

第三，发展支线航空制造业有利于实现与国际市场的对接，培养我国经济新的增长点。目前，波音公司和空中客车公司（简称"空客公司"）垄断了全球干线飞机市场，支线飞机进入国际市场且运营得比较成功的是庞巴迪公司的 CRJ 系列支线飞机和巴西航空工业公司（简称"巴航工业"）的 E 系列支线飞机。因此，选择座级相对较小、技术要求相对较低的支线飞机作为突破口不失为明智的做法。通过发展民用飞机制造业，可以带动冶金、化工、先进材料、电子信息、特种和精密加工等技术与产业的发展，为相关产业提供市场需求，进而培养我国经济新的增长点。

## ✈ 中国民航站在了高质量发展的新起点

当前，我国经济已由高速增长阶段转向高质量发展阶段，这是 2017 年党的十九大做出的重大判断。2018 年政府工作报告提出的深度推进供给侧结构性改革等九方面的部署，都围绕着高质量发展。报告明确指出，要大力推动高质量发展，着力解决发展不平衡不充分的问题，坚持质量第一、效益优先，促进经济结构优化升级。

改革开放以来，中国民航在安全水平、行业规模、服务能力、地位作用等方面取得了巨大的发展成就，经过几代民航人的艰苦奋斗和不懈努力，我国已具备从民航大国逐步走向民航强国的基础。自 2005 年我国成为全球第二大航空运输系统以来，我们与第一位的差距不断减小。2018 年，我国民航对世界民航的增长贡献率超过 20%，位居全球第一；民航总周转量持续保持年均 16.3% 的高速增长；旅客运输周转量在综合交通运输体系中的比重达到 31%，航空货运承担进出口贸易额的比重达 18.5%；截至 2018 年 12 月，全行业实现持续安全飞行 100 个月、6 835 万小时，创造了民航发展史上最长的安全纪录，北京首都国际机场年旅客吞吐量突破 1 亿人次，成为全球第二个年旅客吞吐量过亿人次的机场。

虽然发展成绩喜人，但现阶段我国民航业仍然面临许多深层次矛盾，安全保障资源不足、发展结构不平衡、发展方式比较粗放等问题还没有得到根本改善，制约民航发展的体制机制障碍仍然存在。党的十九大报告指出，我国社会主要矛盾已经转变为人民日益增长的美好生活需要和不平衡不充分的发展之间的矛盾。随着人民生活从更加殷实到更为宽裕，再到基本实现共同富裕，人民群众对民航业的服务种类、服务范围、服务能力和服务水平的要求也越来越高。2018 年全国民航工作会议提出，"新时代民航强国建设的本质是高质量发展"。2019 年全国民航工作会议指出，推动和实现民航高质量发展，是摆在我们面前的迫切要求和艰巨任务。

2018 年 12 月，中国民用航空局出台《新时代民航强国建设行动纲要》(简称《纲要》)，对实现民航强国梦的奋斗目标做出详细的路径规划。《纲要》明确指出，到 21 世纪中叶，将全面建成保障有力、人民满意、竞争力强的民航强国，为全面建成社会主义现代化强国和实现中华民族伟大复兴的中国梦提供重要支撑。民航服务能力、创新能力、治理能力、可持续发展能力和国际影响力居世界前列。为实现这一总体目标，提出"一加快，两实现"的战略部署：

——到 2020 年，围绕服务全面建成小康社会，瞄准解决行业快速发展需求和基础保障能力不足的突出矛盾，着力"补短板、强弱项"，重点补齐空域、基础设施、专业技术人员等核心资源短板，大幅提升有效供给能力，加快从航空运输大国向航空运输强国的跨越。

——到 2035 年，围绕服务我国基本实现社会主义现代化，瞄准解决人民群众多样化航空需求和民航发展不平衡不充分的主要矛盾，着力"均衡发展、协调发展"，重点发展国际航空、支线航空、低成本航空、货运航空，大力促进通用航空发展，全方位地满足人民日益增长的美好生活需要中的航空服务需求，实现从单一的航空运输强国向多领域民航强国的跨越。

　　——至本世纪中叶，围绕服务我国建成社会主义现代化强国，瞄准全方位提升国际竞争力目标，着力增强国际民航规则标准话语权和技术创新引领力，重点推进航空业全产业链发展，实现从多领域民航强国向全方位民航强国的跨越。

　　《纲要》提出的战略部署，指出了发展支线航空这个重要的努力方向，也明确提出了重点推进航空业全产业链发展，包括支线航空运输业和支线航空制造业在内的支线航空产业，是中国民航的重要组成部分，是改善中国民航供给侧结构的突破口。

　　中国民航高质量发展需要支线航空的充分发展。

# 第 2 章

支线航空运输业现状
与分析

　　支线航空运输业是航空运输业的一个细分市场。20世纪70年代，美国实行放松航空管制政策并取得显著成效，欧洲联盟（简称"欧盟"）也于20世纪90年代进行了航空运输市场一体化和自由化改革，支线航空在欧美地区得到长足发展。在美国坐飞机的旅行者可能会注意到，美国的小型飞机特别多，需要转机的情况也很普遍。这背后所隐藏的正是极为发达的支线航空产业。目前，欧美地区的航空运输在机场布局、航线规划、政策法规等方面已经形成了支持干线航空和支线航空协同发展的较为成熟的体系。20世纪90年代以来，我国的支线航空，尤其是"流量较小"这个意义上的支线航空有所发展，然而相比干线航空的高速增长，我国支线航空的发展还远未充分。本章先回顾欧美支线航空的发展历程，探讨欧美国家支线航空的典型商业模式，然后从支线航空在我国航空运输业中的位置、支线航空与干线航空的关系等角度梳理我国支线航空的历史和现状，重点结合国内航空公司开拓支线航空市场的几个案例，初步探讨制约我国支线航空发展的若干问题。

#  国外支线航空运输业发展概况

## ✈ 全球支线航空运输业概况

2010—2018 年，全球支线市场运力规模从 4.5 亿座增长为 5.5 亿座，这 9 年的年均增长率达到 2.4%（图 2-1）。从支线客机航班分布看，北美的航班占比最高，达到 55%；欧洲以 21% 的占比位居全球第二。亚洲的支线客机航班占比排名第三，占比为 11%。其余地区的占比均在 5% 以下（图 2-2）。

目前，全球主要的支线航空经营模式有运力购买、航空公司成立子品牌运营、独立运营和航空公司自主经营四种。

运力购买是指干线运营商购买支线运营商提供的运力，自己负责制定航线、时刻及频率，综合计算航线收益，全面规划航线布局，负责计票价格等一切商务事宜，并且承担燃油等非可控成本。支线运营商则承

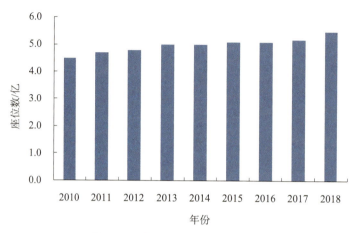

图 2-1 全球支线市场运力规模

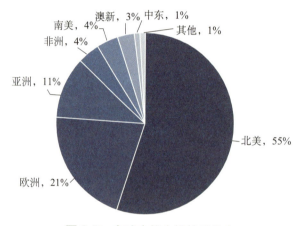

图 2-2 全球支线客机航班分布

担飞机购买或租赁费用，飞行员等员工的工资，飞机维护、备件、航材等费用和其他可控成本。干线运营商按照每轮挡小时或起降数为支付单位向支线运营商支付购买费用。以美国为例，美国三大航空公司大量采用运力购买协议（capacity purchase agreement，CPA）的模式[①]购买支线

---

① 航空公司运力购买模式一般指航空公司之间通过协议的方式约定一方向另一方购买航班座位数的数量和价格，以实现向旅客提供联运服务的目的。

公司的座位，为主品牌的枢纽干线航班输送中转旅客。

美国三大航空公司也拥有自己的支线子品牌，如美国航空公司（简称"美国航空"）的支线子品牌是美鹰航空（American Eagle），达美航空公司（简称"达美航空"）的支线子品牌是达美联运航空（Delta Connection），美国联合航空公司（简称"美联航"）的支线子品牌是联航快运（United Express）。

支线独立运营商一般使用支线飞机独立运营区域性短途航线。例如，葡萄牙亚速尔航空公司（SATA Air Acores）是一家拥有极高地区知名度、在相对较小的区域开展竞争的支线独立运营商，其很多航线是受欧盟补贴的"公共服务义务"（public service obligation，PSO）航线。

航空公司自主经营的支线业务和主营的干线业务统一管理，乘客体验差异度较小，如卡塔尔航空公司自主经营支线业务，以多哈哈马德国际机场为辐射中心，为主基地"投喂旅客"。

从全球范围看，运力购买在四种经营模式中占比最大，达到 46%。而航空公司成立子品牌占比 27%；独立运营和航空公司自营的占比相近，分别是 16% 和 11%。

## ✈ 美国支线航空运输业概况

美国地域辽阔、经济发达，人口众多且密集地分布于东西沿海地区，非常适合航空运输业的发展。美国政府重视航空业，先后出台了一系列政策支持航空运输业的发展。特别是 1978 年出台的《航空业放松管制法》，全面放开了对民航业的经济监管，产生了一连串的效应：推动了大型"枢纽-轮辐式"航线网络的形成，促进了 20 世纪 90 年代初支线航空的发展；降低了票价，带来航班量和旅客运量的大幅提升。美国航空运输业由此进入快速发展期。经过多年的发展，美国航空运输市场变得成熟且高效，机场格局和航线网络基本趋于稳定。

1. 美国支线航空的发展历程

1978 年以前，美国对航空业的管制较为严格，主要包括限制新企业进入、禁止企业合并、控制票价三个方面的管制。在这一环境下的支线航空公司（通常也被称为通勤航空公司）主要是从事点对点运输服务的小型航空公司，与干线航空公司的合作有限。1978 年，美国政府出台了《航空业放松管制法》，除保留少量社会性规制外，全面放开对民航业的经济监管。在市场方面，1981 年取消航线进入规制权；1983 年全面取消了对票价的管制；1989 年实现了航空公司自由进入与退出，以及自由兼并与联盟。在产业方面，1991 年放松了外资进入民航业的限制，将外资对美国航空公司最大持股比例从 25% 提高到 49%。放松管制政策使美国航空公司如雨后春笋般出现，到 1987 年初，航空公司数量达到 234 家，随后进入合并期，许多航空公司经历了破产、兼并、清算。到 1997 年只剩下 74 家，其中干线航空公司 12 家，其余为支线或货运航空公司。

随着管制的放开，民用航空运输市场的竞争趋于激烈，支线航空这一细分市场的价值被发掘出来。20 世纪 80 年代中期，实力较强的航空公司通过兼并重组支线航空公司，或者采购支线航空运力等形式，与支线航空公司开展干线支线联运的合作，建立和加强了"枢纽-轮辐式"航线网络。规模较小的航空公司主要定位于支线市场，使用较小的飞机，致力于大机场和小机场之间的市场拓展。规模较大的航空公司则集中运营国内运量较大的干线市场及国际市场。支线与干线航空公司分工协作，在某个大型枢纽航空港合作运营，干线航空公司通过支线航空公司获得稳定的客源，而支线航空公司通过与干线航空公司形成代码共享联盟，提高自己的信誉和竞争力。在此期间，利用支线飞机为枢纽间的干线航空集散旅客的支线航空得以蓬勃发展。当时，支线航空公司主要使用 19—50 座涡桨飞机。旅客从始发地，经过枢纽的衔接，最终到达目的地，这一整段出行的需求通过与干线支线结成伙伴关系的航空公司得以满足，当然收入也通过合作关系进行分配。"枢纽-轮辐式"航线网络运营的表现形式是干支航线搭配，而干支航线联盟的优势在于支线航空公司达到盈亏平衡的载运率[①]一般低于干线航空公司的盈亏平衡载运率。因此，干线航空公司运营的一些非盈利航线，如果由支线航空公司运营，就可能盈利。

1995—1998 年，共有 189 条航线从美国干线航空公司转移到合作的支线航空公司。随着大型航空枢纽的形成与完善，支线航空得到蓬勃发展，成为航空枢纽运转的有机组成部分，极大地促进了美国航空运输业的整体发展。美国支线航空在这段时间的主要发展特点为：干线支线航空公司之间建立代码共享联盟；"枢纽-轮辐式"航线网络结构形成；涡桨支线飞机机队快速扩张。

放松管制政策实施的同时，美国政府考虑到如果航空公司将经营重点转向规模更大、更有利可图的市场时，那些交通水平较低的地区将面临完全丧失民航服务的危险，因此美国国会在《联邦航空法》中增加了419 条款，即设立目前美国联邦交通运输部管理的"基本航空服务计划"（the essential air service program，EASP）。该计划是美国针对特定群体

---

[①] 载运率是指航空器执行航班飞行任务时实际业务载量与可提供的最大业务载运能力（简称"最大业载"）之比，反映了飞机综合载运能力（客货载运能力）的利用程度，因此是考核航班效益和整个航空运输企业经济效益的重要指标，也是合理安排航班、确定航班密度的重要依据。

做出的保障基本民生的制度安排，包括确定计划的服务范围、公布社区目录、确定承运人、签订合同、协调枢纽机场的时刻资源、评估承运人履约情况和每月发放补贴等内容，目的是通过联邦政府的资助，使交通水平较低的地区能够与整个民航运输体系保持联系。

美国的"基本航空服务计划"有五个特点：一是《联邦航空法》明确了"基本航空服务计划"，让该计划具有法律依据、执行保障、法律效力。二是明确美国基本航空服务以特定地区的国民作为服务对象，而非普遍性的补贴。三是美国财政部直接负责专项资金保障，并且资金额度在近年逐年上涨。四是根据社会经济的发展水平及基本航空服务的基本目标设立最低服务水平。五是通过竞争性的公开竞价确定运营商。这一计划构建了一类以保障基本民生为目标的特殊支线航线，是美国支线航空的重要组成部分。

1982年，美国基于《机场和航路改进法案》，设立了"机场改进计划"（airport improvement program，AIP），目的是推动建立和发展公用机场体系，以满足美国国内航空发展的需要。机场改进计划的资金来自机场和航路信托基金，以小型机场为主要补贴对象，用于解决机场规划、机场发展、机场扩容和降低噪声等问题。该计划改善了航空基础设施，与"基本航空服务计划"共同促进了美国支线航空运输的发展。

2001年，美国发生了"9·11"恐怖袭击事件，这次事件严重削弱了美国民众航空出行的安全感。美国航空运输业出现了一些新的变化：一是干线航空公司经营的一部分航线由于旅客减少、流量下降，使用波音737以上座级飞机不再具备优势，需要用小型飞机替换大型飞机。同时，支线航空公司通过长期的开发与经营，一部分支线航线客流量越来越大。支线航空公司需要更大的飞机来经营这些航线，因此出现了支线飞机向 90 座，甚至 110 座发展的趋势。二是不少低成本航空公司开始关注传统的支线航空市场，准备转型进入这一市场并提供低成本模式的运输服务。截至 2017 年，美国拥有近 20 000 个机场，其中 5 000 多个是公共机场。美国提供定期客运航班服务的机场中，有 619 家机场提供支线航空服务，其中 409 家机场仅提供支线航空航班服务。

　　从图 2-3 中可以直观地看到，美国前 50 大繁忙机场的支线航班占比，中东部的繁忙机场分布较密集，西部较少。在前 50 大繁忙机场中，亚特兰大哈兹菲尔德-杰克逊国际机场作为全球最繁忙机场，其支线航班占比为 18.5%，美国第二大繁忙机场为芝加哥奥黑尔国际机场，其支线航班占比高达 54.6%，纽约地区的三大机场分别为肯尼迪国际机场、纽瓦克自由国际机场、拉瓜迪亚机场，支线航班占比分别达到 21.9%、38.3%、55.6%。在美国前 50 大繁忙机场中，支线航班占比超过 50% 的机场共 22 个，且分布均匀。

　　图 2-4 表明，2017 年美国 48 个州（不含阿拉斯加和夏威夷）仅提供支线航班服务的机场在东部地区最为密集，西部地区的密集程度虽不及东部沿海地区，但分布均匀，有利于保证航空运输服务覆盖到各个地区，从而保证了通达性。

　　图 2-5 展示了支线航班的日均离港航班数及其占比。2008—2017 年，支线航班的总日均离港航班数保持在 10 000 架次以上，2008 年为峰值，此后的总日均离港航班数虽有所下滑，但减速较为平缓。在这 10 年间，支线航线的航班比例在日均离港航班数中均保持在 40% 以上。

① 引自《美国支线航空协会 2018 年年报》。

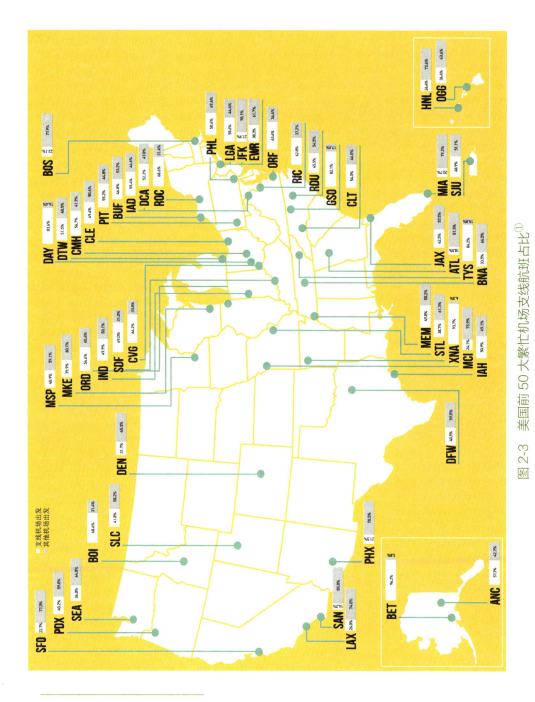

图 2-3 美国前 50 大繁忙机场支线航班占比①

① 引自《美国支线航空协会 2018 年年报》。

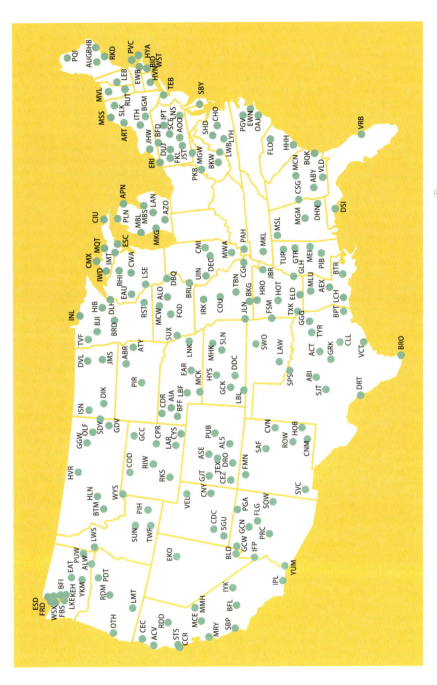

图 2-4　美国本土仅提供支线航班服务的机场分布①

---

① 引自《美国支线航空协会 2018 年年报》。

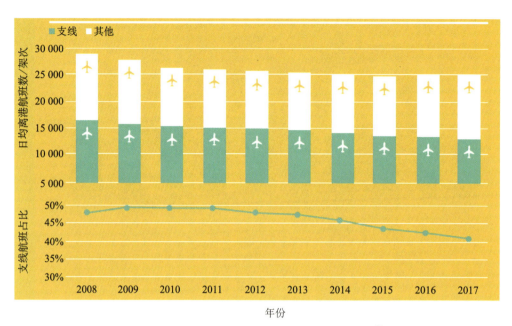

图 2-5　支线航班的日均离港航班数及其占比 [①]

截至 2017 年底，美国在役支线客机的机队数量占总机队数量的 32%，干线客机占总机队数量的 68%；美国支线客机执飞航线的航班占总航班数的 38%，干线客机执飞航线的航班占总航班数的 62%，详见图 2-6。

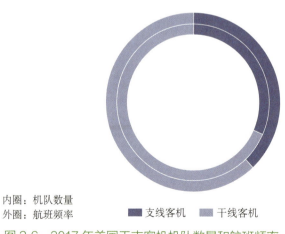

内圈：机队数量
外圈：航班频率　　■ 支线客机　■ 干线客机

图 2-6　2017 年美国干支客机机队数量和航班频率

---

① 引自《美国支线航空协会 2018 年年报》。

2017 年，美国支线机队数量达 1 942 架，其中涡扇支线机队有 1 657 架，占 85%，主要机型是巴航工业 E 系列和庞巴迪公司的 CRJ 系列；涡桨支线机队共有 285 架，占 15%，主要机型是德国道尼尔（Dornier）公司的道尼尔系列和加拿大德·哈维兰公司的 Dash 系列，详见图 2-7。美国支线客机的平均座位数为 66 座，平均航段距离由 2000 年的 459.5 公里增加至 734.2 公里。涡扇支线客机在支线客机中所占的比例由 2000 年的 25% 增长至 85%。

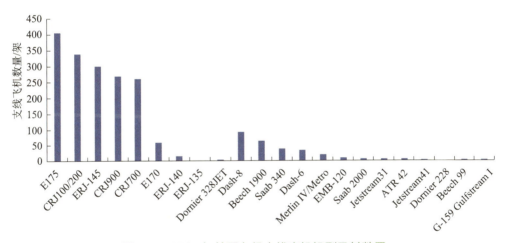

图 2-7　2017 年美国在役支线客机机型及其数量

综上可得，美国航空业发展至今，"枢纽-轮辐式"航线网络覆盖全国支线航空市场的份额相对较高。美国提供支线航空服务的机场比例高，执飞支线航线的航班比例高，支线机队规模大。涡扇支线飞机逐渐替代涡桨支线飞机，支线飞机呈现大型化趋势。干线支线机队的比例与执飞航线的航班频率比例相当。

2. 美国支线航空发展模式

1）运营模式

在美国"枢纽-轮辐式"航线网络中，支线航空扮演着重要角色。

"枢纽-轮辐式"航线网络结构是一种以中心城市为枢纽、中心城市周边的中小城市为辐射点的航线网络布局。小型的支线航空公司采用较小的支线飞机，致力于枢纽与非枢纽之间的支线市场开发；大型航空公司则集中资源运营枢纽之间的干线及流量更大的国际航线。一家或几家大型航空公司和多家小型航空公司围绕某个大型枢纽机场运营，形成了"枢纽-轮辐式"航线网络。

这种航线网络有两个特点：一是取消中小城市间的直达航班，转而在枢纽点进行中转衔接，从而在网络空间上形成从枢纽发射出轮辐式的结构；二是形成进港和出港相对泾渭分明的航班波，将进港航班和出港航班分开，一个时段安排进港航班，紧接着在另一个时段安排出港航班，从而在时间上将进港航班和出港航班有效衔接起来。在一个航班波中，所有航班在一定时间内到达，谓之到达波；经过一定的中转停留时间后，所有航班又在一段时间内离港，谓之离港波。通过清晰的起降规划，中转航班衔接会更加紧凑，在机场的中转时间也能大大缩短，枢纽机场的中转功能能够得到良好的发挥。从过往的经验看，国际上的大型机场在迈向中转枢纽时，都经历过构建航班波这一过程。

"枢纽-轮辐式"航线网络能够让旅客受益。需要特别说明的是，从表面看，在航空枢纽中转似乎与直飞相比耗时更长、体验更差，然而"枢纽-轮辐式"航线网络会带来两个明显的好处。一是让中小机场连接更多的目的地。从某个中小城市出发的航班，在航空枢纽中转，旅客就能换乘更多的航班，从而能够连接更多的目的地。二是提高中小机场的航班频率。从中小机场出发的一个航班，可以同时搭乘去往不同目的地的旅客，实现航班共享，航班频率也可以相应地提高。事实上，在许多情况下，旅客对服务频率的要求甚至高于对直飞的要求。总之，这种航线结构增加了通航点，极大地扩展了航线网络，旅客也能获得更多选择航班的机会。

"枢纽-轮辐式"航线网络能够让航空公司受益。干线航空公司和支线航空公司通过代码共享实现干线与支线结合的"枢纽-轮辐式"航线网络，共同将旅客从始发地送达目的地。通过与干线航空公司合作，支线航空公司可利用干线航空公司的知名度提高自身声誉，某些干线航空公司会承揽合作的支线航空公司全部的机票销售业务，支线航空公司由此从销售和广告宣传中获利。而干线航空公司可通过支线航空公司集散更多的客源。从总体上看，整个航空运输网络的效率更高，总体的收益也更高，实现了干线航空公司和支线航空公司的互利共赢。

美国三大航空公司既有自己的支线子品牌（表 2-1），也大量采用运力购买的模式购买其他支线公司的座位，为自己枢纽干线的航班输送中转旅客。运力购买协议通常以每轮挡小时或起降数为支付单位。

表 2-1　美国三大航空公司的支线子品牌

| 干线运营商 | 支线品牌 | 支线合作伙伴 |
|---|---|---|
| 美国航空 | 美鹰航空<br>(American Eagle) | Compass Airlines，Envoy Air，ExpressJet Airlines，Mesa Airlines，Piedmont Airlines，PSA Airlines，Republic Airlines，SkyWest Airlines，Trans States Airlines |
| 达美航空 | 达美联运航空<br>(Delta Connection) | Compass Airlines，Endeavor Air，ExpressJet Airlines，GoJet Airlines，Republic Airlines，SkyWest Airlines |
| 美联航 | 联航快运<br>(United Express) | Air Wisconsin Airlines，CommutAir，ExpressJet Airlines，GoJet Airlines，Mesa Airline，Republic Airlines，SkyWest Airlines，Trans States Airlines |

2）案例：天西航空公司

天西航空公司（SkyWest Airlines，简称"天西航空"）是美国一家支线航空公司，总部位于犹他州圣乔治，是美国支线航空协会的成员。

天西航空是典型运力购买模式的代表，其通过与达美航空、美联航、美国航空、阿拉斯加航空等合作来获取固定费率收入。

在美国所有支线航空公司中，天西航空拥有最大的机队规模。目前，该公司的机队全部由支线客机组成。截至 2019 年 1 月底，该公司共拥有 505 架支线客机，其中 146 架是巴航工业 E175 飞机，其余均为庞巴迪公司的 CRJ 系列飞机。使用尽可能少的机型，有利于航空公司的飞行员、空乘人员、维护工程人员熟悉所使用的机型。同时，作为使用同一种机型的忠诚顾客，向制造商购买新机时可获得更多的折扣，这些都有利于降低航空公司的成本。

由图 2-8 可知，天西航空的运营收入来源于两部分：一部分是主营业务收入，即客票收入；另一部分是其他业务收入，即地面服务收入。由于美国人均国内生产总值（gross domestic product，GDP）较高，可以负担支线航空公司较高的票价，因此，客票收入是美国支线航空公司的主营业务收入。2016 年，天西航空前三季度的客票收入大约占到总收入的 98%。

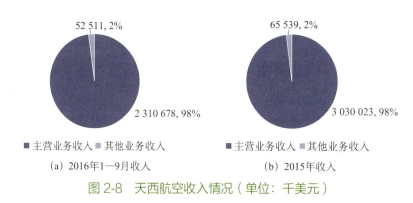

（a）2016年1—9月收入　　　　（b）2015年收入

图 2-8　天西航空收入情况（单位：千美元）

以天西航空与达美航空的合作为例，双方签订了运力购买合同。天西航空按照达美航空的航班计划运营自己的支线网络，包括航班计划、销售、定价、座位投放在内的所有商务活动均由达美航空负责。天西航空只是按照所完成的飞行班次或飞行小时获得固定费率的收入。同时，达美航空还按照一个协定的价格向天西航空提供油料。

同天西航空和达美航空的商业合作相似，美国几大主要航空公司各自依托不同的航空枢纽，与支线航空公司合作，构建国内与国际、干线与支线紧密衔接的"枢纽-轮辐式"航线网络。它们用较小的飞机将周边城市与枢纽机场连接起来，将旅客集中到枢纽机场，从而使支线和干线的航班密度同时得到增加，如此便增强了各自的竞争优势和市场地位。

## ✈ 欧洲支线航空运输业概况

### 1.欧洲支线航空发展历程

与美国相比，欧洲国家国土面积相对较小，国内航线平均航程短，不同运输方式间的竞争十分激烈。欧洲各国政府为了保护航空公司的利益，对航空运输业实行严格管制。直到 20 世纪 70 年代末，欧洲各载旗航空公司仍被视为国有财产。随着欧洲各国航空运输业的发展，航线网络对规模效应的需求与欧洲各国国内航空市场有限之间的矛盾日益突出。当时，一个欧洲国家的国内航空市场被一家航空公司垄断的情况十分普遍。

为了创建欧洲共同的航空市场来容纳多家航空公司的竞争，欧洲紧随美国放松管制的脚步，从 1987—1993 年，实施了三套"一揽子自由化方案"，分阶段逐步完成欧洲航空运输市场的一体化和自由化改革，欧洲航空运输业的主控权逐步从政府手里移交到航空公司手中。1987年的第一套一揽子自由化方案除了赋予航空公司一定的自主定价权外，还允许在签有双边协议的两个成员国间，双方航空公司自由分配运力。
1990 年的第二套一揽子自由化方案进一步赋予了航空公司的自主定价
权，并在航线准入、提高运力等方面比第一套方案更趋于自由化，但是
它对第五航权和国内载运权还是进行了很大的限制。总体上，第二套方
案仍然是欧共体内部航空运输自由化进程的过渡性措施。由于前两套方
案未能从根本上触动成员国双边航空运输管理体制，欧共体理事会又
于 1992 年 6 月通过了第三套一揽子自由化方案，并于 1993 年 1 月开始
实施，其目标非常明确——建立单一欧洲航空市场。1997 年，欧洲放
松管制彻底完成，欧洲航空公司在欧盟国家范围内取得了完全的航线准
入权。此后，欧洲航空自由化格局基本形成，开始实施"天空开放"计
划。经过几十年的发展，欧洲航空运输市场已进入成熟期，增速放缓。

放松管制之后，欧洲的支线航空公司大量涌现，并在 20 世纪 90 年
代开始与干线航空公司建立联盟关系，如德国的欧洲之翼（Eurowings）
与法国航空公司（简称"法航"）联盟。干支联盟建立后，欧洲支线航
空迅速发展。1990—1996 年，欧洲支线航空旅客运输量翻了一番，而
同期干线航空公司旅客运输量的增长率为 25%。1999 年，欧洲支线机
队中 48% 为涡扇支线客机[①]。同时，欧洲支线客机的平均座位数为 67 座，
平均航段距离为 519 公里。2000 年，一项对欧洲 98 家支线航空公司的
调查表明，75% 的支线航空公司完全或部分属于一家干线航空公司。德
国汉莎航空股份公司（简称"汉莎航空"）有城际航空（Lufthansa City
Line）、欧洲之翼，英国航空公司有城市快运（City Flyer Express）、梅尔
斯克航空公司（Maersk Air）等支线航空公司。

① 数据来源于《欧洲支线航空 2017 年年报》。

但随着欧洲航空市场竞争日趋激烈，各航空公司纷纷放弃原来承担的一些偏远和贫瘠地区的支线航线，集中运力竞争干线和海外市场。地区内民众不满这种牺牲支线航空的做法，对政府的调控能力产生怀疑。在这种情况下，欧盟通过立法的形式，允许各成员国援引政府承担的"公共服务义务"，在本国指定民用航空领域负有"公共服务义务"的航线成为 PSO 航线。

在相关法律附则中，欧盟对评估和指定 PSO 航线的必要性与合理性做出了规定，同时为保证各国政府能够在欧盟法律框架下实施公共服务义务，还规定，"如果航空公司在承担了 PSO 航线后，存在难以做出符合 PSO 航线标准的航空运输服务安排的困难，则成员国可以在市场准入上设定至少 3 年内在该航线仅允许 1 家航空公司运营的限制性规定；这种运输服务可以获得公共补贴。"

2. 欧洲支线航空发展模式

第二次世界大战后，欧洲各国政府、承运人及国有机场三位一体组成了欧洲航空体系。欧洲各国之间的航空运输谈判均建立在航空双边协议基础上，双方政府对承运人提供服务的机场、运营的航线、航班频率及承运人之间运力的分配都有明确的规定。由于双边协定中涉及的航空公司几乎都是国有航空公司，指定航空公司运营的机场也是国有机场，因此，欧洲航线网络在空间上呈现出航空公司航线集中于少数几个国有机场的现象。也就是说，在放松管制政策出台之前，欧洲航空公司航线网络就已在空间上形成了一定程度的集中。

放松管制使欧洲航空公司在航线准入、运价制定、运力投放等方面都拥有自主权，但原有政策带来的一些遗留问题使得欧洲航空市场仍未能实现完全竞争。例如，由于欧盟航空市场的多国放松管制只适用于欧盟内部的航空运输，航空公司洲际间的航空运输仍需依据双边航空协议，因此非双边协议中的指定承运人也就无法建立有效的洲际航线网络，即便是一些国家承运人，如荷兰皇家航空公司（KLM Royal Dutch Airlines，简称"荷航"）、法航也同样会受到这一因素的制约。因此欧洲各载旗航空公司即便是在放松管制后，其航线网络的建设也仍未能完全依据航空公司的意愿进行。与大型航空公司相比，部分地方航空公司由于没有运营洲际航线反而更得益于放松管制政策。在政策的帮助下，这些地方航空公司的航线网络有了明显的改变，航线布局出现较为明显的汇聚集中现象。经过多年的发展，欧洲支线航空公司多数成为干线航空公司的附属子公司，或者与干线航空公司签订合作协议提供客源。2012 年 6 月的数据显示，欧洲支线航空公司在一周内运营了 18 780 个供给航班（feeder flights），将分散各地的旅客运送至大型网络航空公司所在的枢纽机场。下面以欧洲前十大支线航空公司之一的 Cityhopper 公司为例说明欧洲支线航空公司的运营模式。

荷兰支线航空运营商 Cityhopper 成立于 1991 年，是荷航 100% 控股子公司，负责荷航在欧洲的短程航班，其机队规模曾达到 121 架，包括 71 架福克系列飞机。

Cityhopper 与母公司共用 ICAO 代码"KLM"所使用的空中交通管制服务，且共同使用机票和航班信息等。截至 2018 年 7 月，Cityhopper 平均每天执飞 295 个航班，这些航班都在欧洲境内，大约有 67 个航点目的地，大多为经停阿姆斯特丹的航线，有 18 个代码共享的合作伙伴。Cityhopper 年平均载客量达 700 万人次，其中 1/3 的旅客由直飞航班运送，2/3 的旅客由供给航班输送给荷航。

荷兰的支线航空商业运营经验大致可以归纳为三点：一是在欧洲城

市之间进行点对点飞行。例如，在英国和挪威之间——也就是北海地区（大西洋东北部的边缘海），多为一些港口发达城市，没有铁路和民航竞争，Cityhopper 在这些地方经营城际飞行。二是 Cityhopper 运营效率高，几乎所有的工作都由强大的计算机系统加以支持。三是绩效考核量化。Cityhopper 通过采用关键绩效指标考核方法，使飞机利用率达到最大化，不断降低成本，同时积极吸引合作伙伴，加强互联互通。

欧洲的"民航-高铁联运"模式也为支线航空提供了运营空间。"民航-高铁联运"模式早有先例可循，最早出现于 20 世纪 80 年代的欧洲。德国法兰克福、法国巴黎等地的枢纽机场成功实现了空铁联运，不仅衔接城市轨道交通，而且还与欧洲高铁网衔接，成为高铁网的枢纽站。

法兰克福莱茵-美因机场和高铁站本身连在一起，所以在买机票时，虽然民航查询信息系统里显示的是乘坐飞机，实际上是在法兰克福乘火车中转。法兰克福机场真正实现了"0 米高度飞行"，火车站的发车时间与航班的起降时间衔接，航空公司与铁路公司的订票系统进行一体化的出票和销售，旅客可以在火车站办理乘机和行李联运手续，一到机场就能够直接安检登机。枢纽机场内火车与航班的最短衔接时间（minimum connecting time，MCT）对总旅行时间有着决定性的影响，法兰克福机场空铁联运的 MCT 降到 45 分钟，不仅适用于进出港旅客，而且适用于进出港行李托运；法兰克福机场还将空铁服务引入到周边的斯图加特市和科隆市，其"民航-高铁联运"模式达到世界最高水平。

巴黎是世界上拥有高铁车站数量最多的城市，除了市区内的北站、东站、蒙帕那斯车站、萨拉扎尔车站、里昂车站、奥斯德利兹车站 6 个高铁车站外，还有戴高乐机场内的高铁车站。因为法航与高铁公司签订了联运的代码共享协议，法航出售的机票，包括了布鲁塞尔米蒂车站和戴高乐机场车站之间的 Thalys 高铁段，持登机牌的旅客往返市区与机场之间无须再购买火车票。国有铁路公司和多家干线航空公司签订了合作协议，高铁行程已经纳入其合作航空公司的航班号内，并在航空订座系统和航班机票上显示。旅客可以在世界各地购买空铁联运机票，并在里昂等相关城市与戴高乐机场之间的高铁实现行李自动转运。

综合分析国外支线航空的发展概况，可以看出美国的支线航空规模和发展水平明显领先世界其他地区和国家。这不仅与美国的人文地理、政策、经济环境有关系，更是由于美国的干线航空公司和支线航空公司分工明确，多以联运的方式合作，形成了清晰的干支网络结构和商业模式，值得在我国支线航空产业发展中深入探讨。

# ⬧02 中国支线航空运输业发展概况

　　中国的支线航空运输业起步较晚，是在"点对点"的干线为主的航空运输充分发展的基础上开始发展的，海南航空控股股份有限公司（简称"海南航空"）、华夏航空、幸福航空、中国南方航空集团有限公司（简称"南方航空"）等航空公司在运营模式、航线布局、飞机经营等方面进行了大量探索，获得很多有益的经验。目前，我国的支线航空运输业仍处于发展的初步阶段，但各界对支线航空发展必要性的认识正在不断加深。

## ➜ 中国航空运输业发展历程

### 1. 新中国民航的建立（1949—1978 年）

　　1949 年 10 月 1 日，中华人民共和国成立。11 月 9 日，原中国航空公司和中央航空公司在香港宣布起义，两公司总计 12 架飞机从香港启德机场陆续飞抵北京和天津，加上国民党留在大陆的 17 架飞机，构成了中华人民共和国民航事业创建初期飞行工具的主体。

1949 年 11 月，在人民革命军事委员会下设民用航空局，统管全国的民航事务。1954 年，民用航空局归属国务院领导，更名为中国民用航空局，对民航的机场、飞机、经营、航路等方面垂直领导。

中华人民共和国成立后至 1965 年，随着中国经济建设的发展，民航业也取得了一些进展。在机队方面，中国向苏联陆续购买了伊尔-14、伊尔-18、图-124B 等飞机，向英国购买了"子爵号"飞机，中国自行研制了运-5 飞机。中国民航还扩建、新建了上海、广州、南宁、昆明、贵阳等一批机场，改善飞行条件和服务设施，开辟新航线，建立起以北京为辐射中心的单线式航空网络。由于当时的国际国内形势和计划经济体制，国内航空业发展的重点是航空制造业和空军，民用航空是军事航空的从属单位，首要任务是保障政府和军事人员的交通、国际往来的需要，以及处理一些紧急事态，客货运输则放在其次。所以，在 20 世纪 60 年代初，民航又划归军队管理。

1971 年 9 月后，中国民航将工作重点放在开辟国际航线上。中国从苏联购买了伊尔-62 和安-24 飞机，从英国引进了"三叉戟"2E 飞机，从美国订购了波音 707 飞机。这些运输飞机与之前引进的伊尔-12、伊尔-18 等飞机共同组成了合理配置的机队，较好地贯彻了"内外结合、远近兼顾"的经营方针，中国民航从 1975 年开始扭亏为盈，扭转了长期亏损和依靠国家补贴的被动局面。到 1976 年底，中国民航的国际航线已发展到 8 条，通航里程达到 41 000 公里，占通航里程总数的 41%；国内航线增加到 123 条。

2. 改革开放后的转型发展（1978—1997 年）

十一届三中全会以后，中国民航执行改革开放的方针政策。1980 年 3 月，中国民航脱离军队建制，成为国务院下辖机构，实行企业化管理。

从这一年起，中国民航为满足市场需求相继购买了波音 747、波音 757、波音 767、MD-80、空客 A310、图-154 等型号的飞机，中国民航在机队建设方面达到了国际民航的先进水平。1985 年 12 月 1 日，国务院民航办公会议决定在"七五"期间购买 50 架运-7 系列飞机投入国内航线。从此，运-7 系列飞机正式进入民航装备序列。1986 年 4 月 29 日，中国第一代支线飞机——运-7 飞机，首次投入客运航线，结束了国外飞机独占中国民航客运市场的历史。

从 1987 年起，中国民用航空局决定把航空公司、机场和行政管理单位按照其自身性质分别进行经营和管理：航空公司按照营利的目的独立进行经营，同时允许地方兴办航空公司，形成竞争局面；机场逐渐下放到地方，进行带有公众服务性质的半企业化管理；民航主管单位作为政府的主管机构集中力量制定法规。

这一时期，人流、物流和资金流都汇集到改革开放前沿的城市和地区，中国航空运输市场逐渐形成了以经济较发达的城市（如北京、上海、广州）为中心向全国各地辐射的航空网络系统。到 1997 年底，民航运输的总周转量达到 86 亿吨公里，比 10 年前增长了 4.3 倍，年均增长率在 16% 以上，在国际上的排位上升至第 10 位，成为世界航空大国。

当时，中国民航并没有干线运输和支线运输的区别，后来航空界一般认为运-7 系列属于支线飞机。在当时，虽然波音、空客等国外飞机进入中国市场，运-7 系列飞机仍是那个时候最大的客机机队，是中国民航市场的主力运营机型。

3. 伴随经济增长高速发展（1997 年至今）

经过改革开放近 20 年的发展，中国进入经济高速发展时期。中国民航作为交通运输的一环，也以每年 19% 的速度快速发展。但是，随着国民经济的发展从速度型向效益型转变和进一步融入国际经济体系，民航为保证持续发展，便需要进一步体制转变和改革开放。1996 年 3 月，《中华人民共和国民用航空法》施行，标志着中国民航正式迈向有法可依的阶段。之后几年里，中国民航依据这部航空法制定了一系列的民航法规和条例，初步建立了基本的法律体系，在体制上进行改革，顺应市场经济发展规律。

2001 年，中国加入世界贸易组织（World Trade Organization，WTO）。民航作为世界贸易的重要组成部分必须和世界经济接轨，因此，中国民航进一步改革开放，参与国际竞争。具体的措施有：进一步开放国内市场，允许民营资本经办航空企业、航空培训机构，加大机场建设力度，加强支线航空、通用航空的建设。对外参与国际航空开放天空的自由化、全球化竞争，改变支线航空、通用航空落后的局面，使机场密度大幅提高，建设数个世界排名靠前的大机场，建成现代化空中交通管理系统，大幅提高航空运输企业的国际竞争力。

从 20 世纪 90 年代末期开始，民航运输市场体量高速增长，中国航空公司大量引进客机，机队规模进入高速增长时期。然而，引进客机的机队结构却明显失衡，干线客机占据了绝大部分的份额，2005 年交付量即超过 100 架，2012 年超过 200 架，2015 年超过了 300 架。支线客机的引进数量则常年保持在低位，如图 2-9 所示。

中国逐渐意识到发展支线航空运输的重要性，这对国内支线航空市场，以及中国的支线航空制造业带来新的机遇。1999 年，海南航空引入道尼尔 328（Dornier 328）飞机进入中国，机队经营效益良好，促进了中国支线航空市场的发展。2000 年 11 月，中国长安航空有限责任公司引进首架 Dash8 飞机并投入西安—银川的航线。此后，先后有新疆航空公司引进 ATR72、浙江航空公司引进 Dash8 等飞机。2002 年 12 月，巴航工业、哈尔滨飞机工业集团有限公司、哈飞航空工业股份有限公司合资组建哈尔滨安博威飞机工业有限公司，在中国生产 ERJ145 系列支线飞机。2003 年 12 月 16 日，首架 ERJ145 飞机首飞成功，南方航空成为首

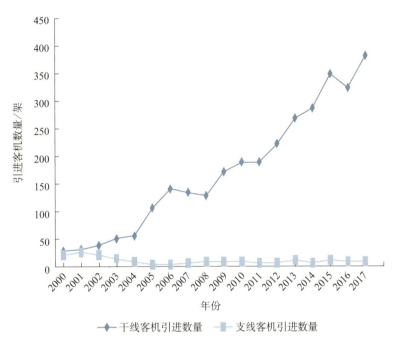

图 2-9　干线客机和支线客机引进数量对比（2000—2017 年）

家用户。2006 年，华夏航空成立并引进 CRJ900 飞机。2007 年，大新华航空有限公司改名为大新华快运航空有限公司（简称"大新华快运"）引入 ERJ145 飞机，2008 年引入 ERJ190 飞机。2009 年，大新华快运更名为天津航空。其后，多彩贵州航空有限公司（简称"多彩贵州"）、广西北部湾航空有限责任公司先后成立并引进 ERJ190 飞机。这些都是以支线飞机开拓支线航线的实践。此外，从 20 世纪 90 年代末开始，四川航空股份有限公司（简称"四川航空"）引进 ERJ145 飞机，南方航空引进 ERJ145、ERJ190 飞机，中国东方航空公司（简称"东方航空"）、山东航空股份有限公司（简称"山东航空"）引进 CRJ200 飞机，实践了干线运输为主的航空公司开发支线运输的业务。

　　与此同时，中国自主研制支线飞机的工作也取得突破性进展。1998 年 5 月，新舟 60（MA60）飞机取得了中国民用航空总局颁发的型号合格证，经过不断努力，通过以外销促内销的策略在实践中取得重要进展。2002年，原中国航空工业第一集团公司启动国产新型涡扇支线飞机 ARJ21 的研制工作，2008年5月11日，中国商用飞机有限责任公司（简称"中国商飞"）成立，担负起统筹中国干线和支线飞机发展的使命。2016年6月28日，中国商飞接手并加大投入完成研制工作的 ARJ21 飞机正式投入运营。2013年，航空工业所属西飞公司正式启动新舟700（MA700）项目。国内支线航空运营和制造两条线的共同发展成为中国航空运输发展新时期的重要标志。

## ➤ 综合交通体系中的航空运输业

随着航空运输业的建立和发展，我国已经建立起完整的以各单一交通运输方式，如公路、铁路、航空、水路运输等为基础的全国运输系统框架，并初步形成了综合运输体系的雏形。由于各类交通运输模式特征明显，既各有优势、分工明确，能够相互补充和配合，又因为都具备满足旅客出行、邮政及货物运输等需求的功能，在不同程度上存在相互竞争和替代的关系。

铁路运输与汽运、水运相比，速度快、运量大、运价低，且安全可靠，运输不受季节气候条件的限制，可保证经常不断地运行，并能联通广大城乡地区，适用于中长途运输。但铁路造价高，消耗金属材料多，占地面积大，短途运输成本较高。

公路运输机动灵活，装卸方便，对自然条件适应性强，并且相对容易修建，基本上可保证不间断运输，并能直接深入至城乡，适合于中短途运输。但是公路运输速度慢、运量小。

水路运输运量大、投资少、成本低，缺点是运输速度慢，灵活性和连续性差，受航道水文状况和气象等自然条件影响大。水路运输又可细分为沟渠运输、湖泊运输、河流运输、海上运输、远洋运输等。

航空运输速度快，运输效率高，特别适合长途客运。此外，与铁路运输相比，机场的修建、航线的搭建投入少、周期短。在地面交通不发达地区，搭建航空运输的航线网络是改善该地区通达性最快捷有效的方式。

航空运输业在我国交通运输中扮演着越来越重要的角色。航空运输承担的旅客周转量在整体交通运输业中的占比从 2008 年的 12% 增长到 2017 年的 29%。在地面交通不方便的地方投资航空运输，其基础设施投入的成本最低，交通网络的搭建速度最快。2008—2017 年，中国航空运输业旅客周转量增长了两倍多，远高于其他交通方式，如图 2-10 所示。铁路

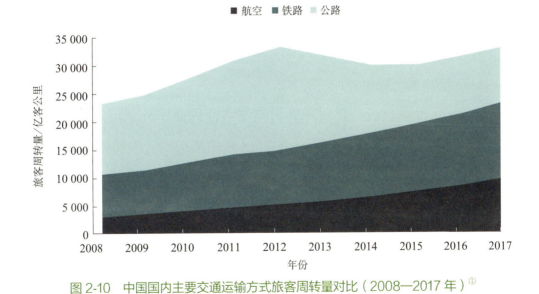

图 2-10　中国国内主要交通运输方式旅客周转量对比（2008—2017 年）①

---

① 资料来源于《中国商飞公司市场预测年报（2018—2037）》。自 2013 年开始，公路客运量的统计口径发生变化，除去非营业性公路运输部分，仅关注营业性运输，因此较前一年出现了明显的下降。

运输增长 73%；公路运输则减少了 22%。航空运输的复合年均增长率为 13.5%，铁路运输的复合年增长率为 7%；公路运输的复合年增长率为-4.5%，如图 2-11 所示。

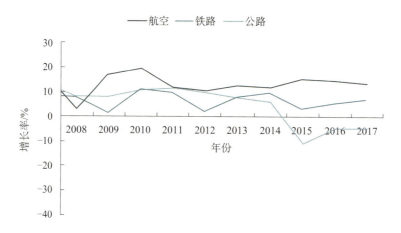

图 2-11　中国国内主要交通运输方式增长率趋势对比（2008—2017 年）①

## ✈ 中国的高铁与航空运输

### 1. 中国高铁发展概述

进入 21 世纪以后，我国开展大规模高铁建设，对交通运输格局产生了重大影响。我国高铁发展主要以国家铁路局的《中长期铁路网规划》为依据。该规划经 2004 年 1 月国务院常务会议讨论通过，共修订过两次。这份纲领性文件，推动了青藏铁路提前一年建成通车，指导全国铁路第六次大面积提速成功实施，让大秦铁路突破世界重载运量极限，推动京津城际铁路开通运营。《中长期铁路网规划》第一次修订于 2008 年 10 月，在该文件的规划指导下，截至 2017 年底，随着郑徐、沪

① 资料来源于《中国商飞公司市场预测年报（2018—2037）》。

昆、宝兰、石济等多条高铁的开通，"四纵四横"的高铁主骨架已基本形成。第二次修订是在 2016 年 6 月 29 日召开的国务院常务会议上。根据再次修订的《中长期铁路网规划》，我国将打造以沿海、京沪等"八纵"通道和陆桥、沿江等"八横"通道为主干、城际铁路为补充的高铁网，如图 2-12 所示。

图中红色线路是截至 2016 年底尚未开通的线路，蓝色线路是已经开通的线路。从图中可以看出，第二轮拓展的高铁规划重点在于打造中西部的高铁网络和枢纽。

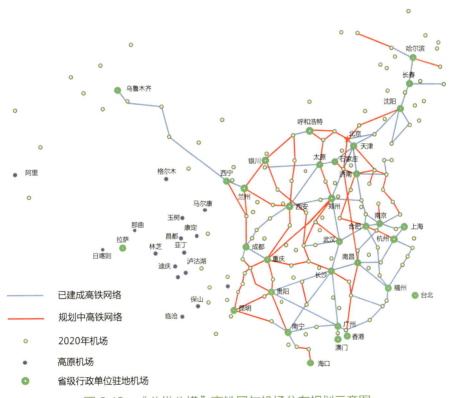

图 2-12　"八纵八横"高铁网与机场分布规划示意图

2013—2017 年，中国高铁实现快速发展。全国铁路完成固定资产投资 3.9 万亿元，新增铁路营业里程 2.94 万公里，其中高铁 1.57 万公里，是历史上铁路投资最集中、强度最大的时期。据中国铁路总公司统计，2017 年国家铁路完成旅客发送量 30.39 亿人次，同比增长 9.6%，其中动车组发送 17.13 亿人次，同比增长 18.7%，占比 56.4%。

2. 中国高铁对航空运输的影响

高铁诞生之后，铁路运输在一定程度上具备了"高速"这一曾独属于航空运输的特点，时效性得到很大的提升，其适用范围和目标客户群体也在一定程度上与航空运输出现重合。这意味着传统的综合运输格局，尤其是国内运输格局出现变化，铁路与航空运输两者之间已不能完全依据速度和时效进行分工，运输距离、运输成本和运输服务等因素在市场份额分配中所占的重要性有所增强。

高铁会对航空产生一定的替代作用。国外的经验显示，日本新干线开通后，日本航空公司停飞东京至大阪、名古屋等航线，东京至仙台航线也在两年后停飞。法国在 1983 年开通了法国高铁系统（train à grande vitesse，TGV）巴黎—里昂线，目前 TGV 占巴黎—里昂线客运市场的 94%，而法航仅占 6%。

近年来，中国高铁网络快速发展，在长三角、珠三角、环渤海等城市群，高铁早已连片成网，这些地区的航空运输已经受到了高铁的冲击。随着兰渝铁路、西成铁路和渝贵铁路于 2017 年相继投入运营，高铁网络在运输线路上与航空运输所覆盖的航线在全国范围的人口密集区域形成了重叠，与航空运输形成强有力的竞争。图 2-13 显示了 300 余条航空服务与高铁服务高度重叠的路线，由此可以大致了解目前高铁与航空在国内运输市场的竞争格局。

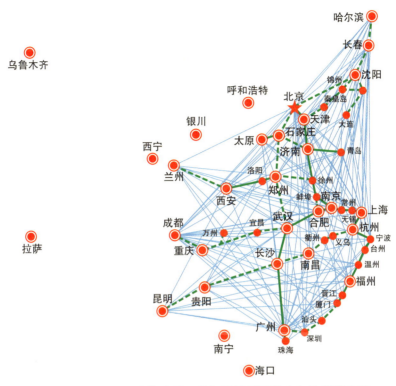

图 2-13 "四纵四横"高铁网络与航线重叠的竞争格局示意图

高铁对航空旅客的分流效应在中短程路线上最为明显。班次多、正点率高、进出站便捷等特点是高铁的竞争力所在。相比之下,机场运营能力限制、空域资源短缺和天气因素所形成的航空运力发展瓶颈,以及控制流量导致的航班延误等问题,也是旅客选择高铁的重要原因。图 2-14 选择了东部地区受到 2013 年杭深高铁杭州—宁波段和漳州—深圳段开通影响的六条航线(分别为厦门—深圳、温州—深圳、深圳—杭州、北京—杭州、深圳—宁波、深圳—福州)为例,探讨高铁开通对航空旅客的分流影响。

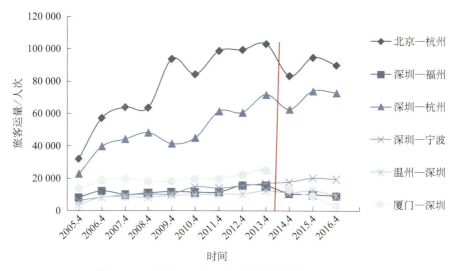

图 2-14　高铁开通前后六条航线的旅客运量对比

高铁对航空的分流影响主要在高铁开通的次年逐步显现。从图 2-14 中可以清楚地看出，高铁开通前（即红线前，大约是 2013 年底），北京—杭州、深圳—杭州航线上的旅客量表现出增长趋势，厦门—深圳、深圳—福州旅客量比较稳定，而在开通的次年这些航线旅客运输量都有所减少。不同路线的高铁对航空的分流影响明显不同，这与两种交通运输方式的运行时间、班次频率差异紧密相关。中长旅程的旅客比短途旅客对时效性更为敏感，而商务旅客则比休闲旅客对频率更为敏感。

面对高铁的竞争，近年来各大航空公司已经积累了经验，在不具备优势的航线上减少运力投放，甚至封停航线。从长沙—贵阳航线的例子可以明显看出，航空公司对高铁竞争的反应已经相当敏锐。长沙—贵阳航线处在中西部地区，航段距离 665 公里。单向航空旅客运输量在 2015 年 6 月 18 日高铁开通前后的情况如图 2-15 所示。

图 2-15　长沙—贵阳航段旅客运输量

从图 2-15 可以看到旅客运输量骤然下降的两个时间点：一个是在 2015 年 7 月，即高铁开通后的次月。2015 年 6 月的旅客运输量为 23 878 人次，7 月仅为 14 456 人次，随后 8 月、9 月、10 月有些微回升。根据测算，高铁的分流效应在 0.32 左右，即约三成的航空客流被高铁分流走。另一个是在 2015 年 10 月之后。10 月之后的再次骤降的原因主要是航空公司在调整当年冬春航班计划后，大幅削减运力所导致。11 月的旅客运输量仅为 5 927 人次，是 10 月的 31% 左右。11 月的可供座位数则从 10 月的 45 446 下降到 14 572，约为 10 月的 32%。值得注意的是，通过大幅削减运力，该航段上座率则从前一年的平均 80.3%，逐步升至平均 88.6% 左右。

航空运输的客公里成本高于高铁，航空的竞争优势主要是时间效率，因此短程航线的分流效应达到一定程度时，航空公司将从这些市场退出或大幅缩减运力。

3. 中国高铁对支线航空运输的影响

支线航空更容易面临高铁的冲击，特别是与中远程相比，高铁在短途旅行方面的竞争优势更明显。在一般情况下，飞机平均轮挡速度为 500—550 公里/小时，是高铁平均行驶速度的 1 倍左右。考虑到飞机起降因素，远程航线上飞行效率更高，短途航线与高铁相差不大。但城市对之间高铁线路通常由于绕行而增加了行驶里程，如果计入市内交通和候机（车）所需的时间，国内主要航线的航空平均旅行时间为 4.54 小时，高铁为 7.67 小时，航空旅行时间平均短 3.13 小时。总体来看，航空旅行的时效优势将继续保持。但由于支线航空市场多为中短程航线市场，从距离划分的细分市场角度来看，短程的支线航线的时效优势更弱，面临高铁带来的冲击更为直接。虽然如此，由于高铁和航空的目标客户群体有明显差异，高铁对支线航空的不利影响有限。

第一，高铁和航空的旅客偏好不同。航空旅客中有一半左右是公务旅客，而铁路中公务旅客估计在 10% 左右；航空旅客中有一半左右是公费出行，而铁路旅客中绝大多数是自费。公务出行，尤其是对出行服务和环境要求高而对票价不敏感的旅客偏向选择航空运输，而高铁旅客中票价敏感人群是基本稳定客源，此外则是对旅行时效、票价和服务敏感性居中的群体，他们会根据出行的具体情况在高铁与飞机之间进行选择。高铁的发展势必会增加这部分旅客的基数，他们也可能转换成航空出行的客源。因此可以说，高铁开通后的分流影响将促使旅客结构发生变化，即高铁开通后部分旅客在航空出行选择上可能会出现一次较明显的变化，但之后会形成各自相对稳定的基本客户群，航空运输的增长关键主要是经济增长及旅客的消费升级。

第二，对比中国的机场建设规划和高铁网规划，可以看出，高铁并不会覆盖所有的航线，这正是铁路的发展也会给航空运输，尤其是支线航空运输带来新机会的重要原因。高铁网络主要连接省会城市和直辖市，或在省会城市之间发挥连接作用，对沿线中小城市覆盖率并不高。不通高铁的中小城市之间的通达性还需依靠支线航空实现，而这并不在少数。在一定的环境中，高铁甚至发挥着类似干线机场的功能。如 2006 年 7 月 1 日青藏铁路通车，此前，没有人认为这会给航空运输市场带来影响。但是，随后的数据表明，西藏地区 2006 年 7 月的民航飞机起降架次、旅客运输量和货邮吞吐量同比分别增加了 59.38%、19.62% 和 18.72%，大大突破了历史同期水平。青藏铁路开通运营时，很多人认为青藏铁路开通后，到拉萨的航空客流会大幅度减少，但实际上恰恰相反。据民航部门统计的数据显示，由于青藏铁路的开通，进出藏的民航客流增长了将近 40%。青藏铁路的运营不仅给西藏带来更多的游客，而且也给西宁和兰州创造了更多的航空运输需求。据某航空公司的一个销售人员说，随着青藏铁路的开通，往年不大热门的上海至西宁、上海至兰州的机票销售异常火爆，基本上可以说是一票难求。当然，随着后来航空公司运力的调整，这种一票难求的局面得到了很大改善。分析其原因，以前进藏基本上是靠飞机从成都前往拉萨，也有少量航班从西安、迪庆飞至拉萨，青藏铁路通车为旅行的游客提供了一个新的进藏途径。从旅行的角度，青藏铁路经过可可西里和羌塘两个国家级自然保护区，自然风光秀美，吸引了大量游客。而从北京或上海全程坐火车进藏均需要 48 小时以上，因此，很多游客都选择先乘飞机到兰州或西宁，然后再换乘火车进入西藏，从而带动了兰州和西宁的航空运输市场。可以说，青藏铁路起始两端恰似两个航空"枢纽"，为两端地区的支线发展提供机会，这是一个很有启示的案例。

第三，应当看到中国的交通运输市场尚未达到成熟阶段，随着经济的迅速增长，未来的旅客出行市场将有巨大的发展空间，由此所产生的航空需求足以抵消高铁的冲击。从中国民用航空 2008—2017 年的发展数据可以看出，巨大的市场需求对航空运输业产生的需求远远大于高铁的发展对航空运输业的冲击，尤其在高铁难以企及的中西部地区，支线航空运输市场大有可为。新疆、云南、西藏、陕西、甘肃、宁夏、青海等地理复杂地区的中小城市间都是有潜力开展航空运输的市场。根据中国民用航空局的数据显示，2016 年，中国的国内定期航线近 3 000 条，但其中主要的 300—400 条航线上的旅客运输量就超过了总量的 80%，另外 2 600 条左右的航线上的旅客运输量较小，难以支撑干线飞机的运营，而其中很多航线也是高铁尚未到达的，这些航线正是适合支线飞机运营的支线市场。这些地区的人口密度相对较小，人均收入不高，需要经过合理的市场开发和配套的政策鼓励，利用支线飞机提升整个航空网络的通达性，造福于民。随着中国经济发展水平、国民收入水平的不断提高，较发达的中东部地区的交通运输网络会逐渐趋于成熟和饱和，将会有更多的航空公司转向中西部地区的市场。

综上所述，高铁会在短程航线上对航空运输造成冲击，但在中远程航线上航空运输优势依然明显，且航空旅客客户群体较稳定，支线机场与高铁建设规划互补，支线航空与高铁协同发展的前景可期。

### ✈ 中国的支线航空市场

目前，中国航空运输业内对支线航空的定义尚未形成统一的标准。不同的定义将有不同的统计结果，但总体来看，虽然发展支线航空的动力逐渐增强，但在 1998—2017 年，中国的支线航空市场仍呈现出与干线航空市场迥然不同的景象。中国支线航空市场的运力、运量长期处于规模小、增速慢的境况，支线飞机的机队规模在2008—2017年几乎没有变化，支线机场多数处于亏损的状态，而能够专注经营支线航空市场的航空公司则屈指可数。

1. 支线航线的规模和构成

若按照中国民用航空局进行支线补贴的定义来界定支线航线，支线航线的运力比重近年来有所增长，但占比一直较小。支线航线的可用座公里占国内民航运输市场的比例由2013年的4.8%增加为2017年的7%（图2-16、图2-17），投放的可供座位数由2013年的2 880万座增长为2017年的5 779万座，占国内市场全部可供座位数的比例由6.8%增加至9.3%。支线航线的航班总量由2013年的23万班增长为2017年的42万班，占全部航班总量的比例由8.2%增长为10.8%。

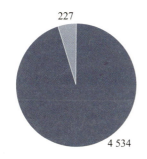
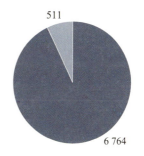

图2-16　2013年中国支线航线可用座公里占比图（单位：座公里）　　图2-17　2017年中国支线航线可用座公里占比图（单位：座公里）

尽管支线航空承担的运输量较小，但其覆盖的区域相对较大。若将一端连接支线机场的航线定义为支线航线，支线航线数量从2014年的964条增长为2017年的1 607条，占比从48.54%增长为55.92%。2014年、2017年中国支线航线分别如图2-18、图2-19所示。

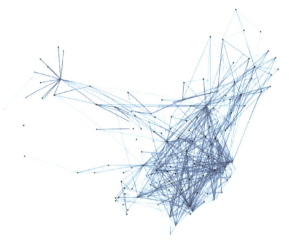

图 2-18　2014 年中国支线航线（机场对）

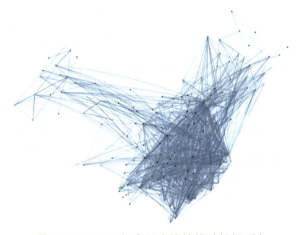

图 2-19　2017 年中国支线航线（机场对）

值得注意的是，上述所列的支线航空运输实际是由干线和支线飞机共同完成的业绩，进一步分析会发现国内支线运输机队存在的结构性问题。

2. 支线机队的规模和订单

2008—2017 年，尽管中国整体机队的增速快，但是支线客机的引进数量却很少。支线客机机队规模由 2008 年的 88 架减至 2017 年的 84 架

（图2-20）；而干线客机机队从2008年的1 076架增至2017年的3 067架，年均增长率为6.35%。这 10 年间，支线客机机队规模占总机队规模的比例均未超过 5%。

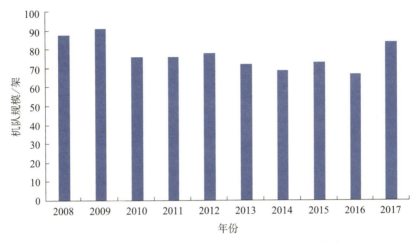

图 2-20　中国民航支线机队（2008—2017 年）

具体来看，涡扇支线客机数量从 2008 年的 75 架减少至 2017 年的47 架；而涡桨支线客机数量则从 2008 年的 13 架增加至 2017 年的 37架（图 2-21）。截至 2017 年底，涡桨支线客机机型全部是 MA60，涡扇支线客机机型主要有 CRJ900、ERJ145、ARJ21，详见图 2-22。

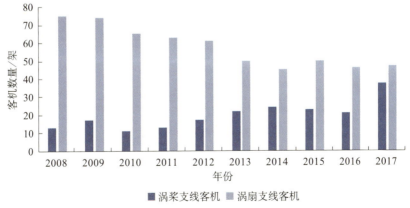

涡桨支线客机　涡扇支线客机

图 2-21　中国民航支线机队组成（2008—2017 年）

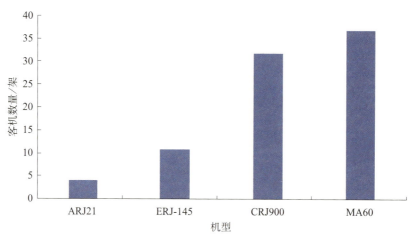

图 2-22 2017 年中国在役支线客机机型

从机龄看，截至 2017 年底的中国在役支线客机机队的平均年龄偏小，只有 5 年。而机队占比较大的 MA60 和 ERJ145 飞机的平均机龄稍大一些，详见图 2-23。

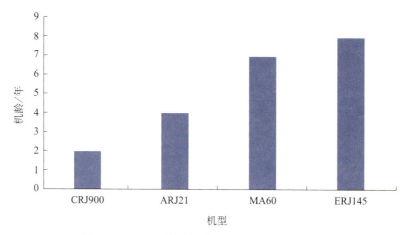

图 2-23 2017 年中国在役支线客机平均机龄

从平均座位数看，支线客机具有大型化的趋势。2008—2017 年，支线客机的平均座位数从 41 座增长为 82 座，机队年均复合增长率为 8%，这主要是因为大型支线客机，如 CRJ900 的机队规模增长较快。相对而言，干线客机的平均座位数变化并不大，从 2008 年的 189 座增长为 2017 年的 196 座，年均复合增长率为 0.4%，详见图 2-24。

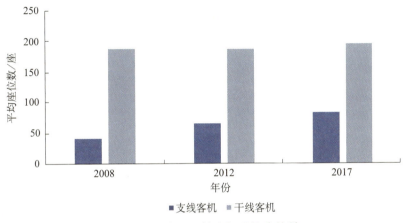

图 2-24　中国民航客机平均座位数

我国涡扇支线飞机和涡桨支线飞机机队规模的差距是在逐渐减小的，主要有三方面原因：一是由于国产涡桨支线飞机的批产与运营；二是由于国外 100 座以下飞机近些年没有新型号产生，各大主制造商推出的新机型都在 100 座以上；三是国产涡扇支线飞机 ARJ21-700 在 2016 年开始运营，还未形成规模。

从储备订单的数量来看，截至 2018 年底，中国地区的涡扇支线客机订单有 218 架 ARJ21 和 5 架 CRJ900；涡桨支线客机的订单有 29 架 MA60 和 MA600，以及 5 架 Dash6。

所以，从现状来看，支线客机几十架的机队规模与干线客机 3 000 多架的机队规模相比，体量差距显而易见。从订单数量来看，支线客机机队规模有望持续扩大。

3. 支线客机的运营情况

从执飞航线数量来看，支线客机执飞的航线数量从 2008 年的 345

条减少为 2017 年的 276 条；而干线客机执飞的航线数量从 2008 年的 1 312 条增长为 2017 年的 2 598 条。从占比看，支线客机执飞的航线数量占全部航线数量的比重由 2008 年的 20.8% 降为 2017 年的 9.6%，详见图 2-25。

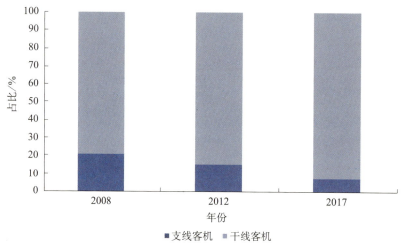

图 2-25　中国民航客机执飞航线数量 [①]

支线客机执飞的航班频率从 2008 年的 13.9 万班减少为 2017 年的 11.4 万班；而干线客机执飞的航班频率由 2008 年的 182.8 万班增长为 2017 年的 443 万班。干线客机执飞的航班频率占比一直保持在总航班频率的 90% 以上，且逐年递增；而支线客机执飞的航班频率占比均在 10% 以下，且逐年递减，详见图 2-26。

2008—2017 年，支线客机执飞航线的可供座位数从 2008 年的 564.1 万座增长为 2017 年的 860.7 万座，年均复合增长率为 4.8%；干线客机执飞航线的可供座位数从 2008 年的 29 781.8 万座增长为 2017 年的

---

① 数据截至 2017 年底，来源于 OAG。

75 530.5 万座，年均复合增长率为 10.9%。从占比看，支线客机执飞航线的可供座位数在 2008—2017 年变化不大，占比均只有 2% 左右，详见图 2-27。

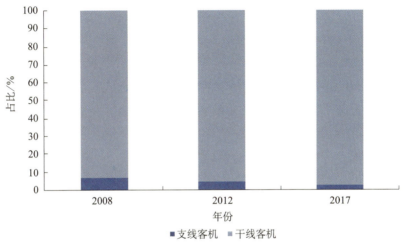

图 2-26　中国民航客机航班频率<sup>①</sup>

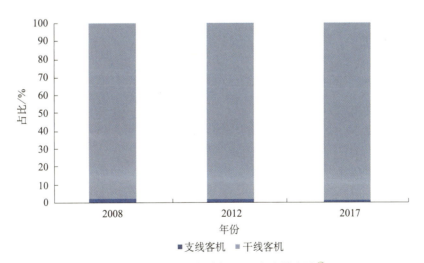

图 2-27　中国民航客机可供座位数占比<sup>①</sup>

---

① 数据截至 2017 年底，来源于 OAG。

2008—2017 年，支线客机执飞航线的平均航段距离从 2008 年的 666 公里降至 2017 年的 551 公里；干线客机执飞航线的平均航段距离从 2008 年的 1 360 公里增至 1 494 公里，年均复合增长率为 1%，详见图 2-28。

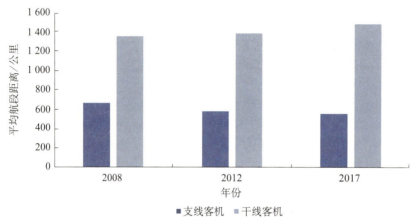

图 2-28　中国民航客机执飞航线的平均航段距离①

据统计，近年来国内支线客机仅完成了不到 20% 的支线运输量，其余 80% 的支线运输量是用干线客机完成的。这表明，在支线航线运力结构中，支线客机使用率不高，而干线客机承担了大部分支线航线运力，但由于大部分支线航线旅客流量较少，对干线客机的运力而言是极大浪费。

4. 支线机场的数量及分布

2008 年，中国共有 123 个支线机场，占当年机场数目的 77.4%。经过 10 年发展，其中的 20 个机场已跻身为干线机场，7 个支线机场关停，净增 75 个支线机场。到 2017 年，中国支线机场数量达到 171 个，占当

---

① 数据截至 2017 年底，来源于 OAG。

年机场数目的 75%。新增支线机场中，18 个机场位于西南地区，15 个机场位于华北地区，14 个机场位于西北（含新疆）地区，13 个机场位于东北地区，8 个机场位于中南地区，7 个机场位于华东地区<sup>①</sup>，如表 2-2、图 2-29、图 2-30、图 2-31 所示。

**表 2-2　中国机场分布情况（2017 年）**

|  | 华北 | 东北 | 华东 | 中南 | 西南 | 西北（含新疆） | 总计 |
|---|---|---|---|---|---|---|---|
| 大型机场 | 3 | 4 | 8 | 9 | 4 | 4 | 32 |
| 中型机场 | 5 | 0 | 9 | 5 | 4 | 3 | 26 |
| 支线机场 | 25 | 23 | 26 | 23 | 39 | 35 | 171 |
| 合计 | 33 | 27 | 43 | 37 | 47 | 42 | 229 |

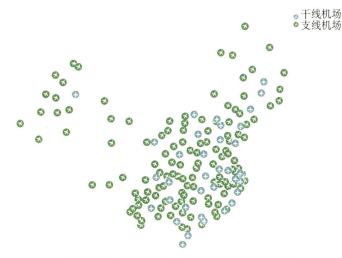

图 2-29　2008 年干支线机场分布示意图

① 数据来源于《2017 年民航机场生产统计公报》。

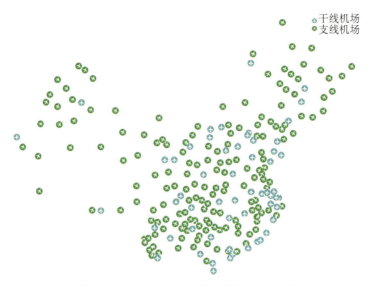

图 2-30　2017 年干支线机场分布示意图

2017 年，中国西南地区和西北（含新疆）地区的支线机场分别约占全国支线机场的 23% 和 21%，而其余四个航空区域的支线机场占比较为平均，均在 13%—15%，详见图 2-31。

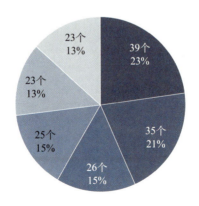

■ 西南地区　■ 西北（含新疆）地区　■ 华东地区　■ 华北地区　■ 中南地区　■ 东北地区

图 2-31　中国支线机场区域占比

中国支线机场的吞吐总量占比低、增速快。截至 2017 年底，全国机场吞吐总量的 7.3% 来自支线机场，其年均复合增长率达到 10.5%。同时，应当看到中国支线机场群体的构成变化较大。2008—2017 年，新增支线机场共 75 个，主要分布在中西部地区。共有 20 个支线机场吞吐量超过 200 万，晋升为干线机场，例如，石家庄正定国际机场、珠海金湾机场、银川河东国际机场等。

2008—2017 年，虽然支线机场数量增加迅速，但作为支线航空的主要市场，中西部地区的机场覆盖率仍然偏低。按照 100 公里机场服务半径范围计算，机场对人口覆盖率的全国平均水平为 53.6%；对 GDP 覆盖率的全国平均水平为 70%。从区域级来看，机场覆盖率从高到低的排序依次为东部、西部、中部。

从省级来看，我国省级行政单元机场人口覆盖率存在更为明显的区域差异。东部地区省份的机场对人口的覆盖率在 60% 以上，江浙两省和北京市更是高达 80% 以上。中部地区的省份除江西省低于 40%，其余均在 40%—60%。西部地区的省份除四川、宁夏高于 60%，其余大多数省份均在 20%—60%，西藏则低于 20%。西部地区的机场覆盖率的内部差异大于其他两个经济带。

我国近些年支线机场建设卓有成效，不仅有大量新增机场，还有许多支线机场晋升为干线机场。在结构上逐渐向更需要且适合建设支线机场的中西部地区转变。然而从运营上看，在支线机场建设如火如荼的背后，是运营状况的举步维艰。支线机场大都位于工业经济基础相对薄弱、城镇化水平不高的中小城市，年旅客吞吐量大多低于 100 万人次，其显著特征是成本高、客流少，难以形成干线航空那样的高密度、大运量航班。当地经济发展水平滞后、支线航空网络不健全、机场布局不合理、市场管理混乱、客源开拓困难、机场对干支线航空调节能力差等原因造成多数支线机场耗资巨大却难见效益，中国民航统计数据显示，年旅客吞吐量 100 万人次以下的机场中，约 91% 处于亏损状态，年旅客吞吐量低于 50 万人次的支线机场几乎全部亏损。

5. 中国支线航空公司的现状

中国运营支线飞机的航空公司不多。截至 2017 年底，中国（不含港澳台地区）共有 46 家航空公司，仅有 4 家航空公司使用支线飞机运营定期航班，占航空公司总数的 8.7%。其中，华夏航空和幸福航空是以支线飞机为主力机队的航空公司；成都航空和天津航空的主力机队虽然不是支线飞机，但使用支线飞机运营支线航线。这 4 家航空公司机队规模详见图 2-32。

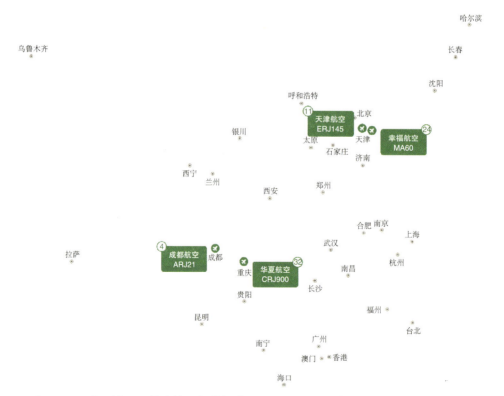

图 2-32　中国地区运营支线飞机的航空公司分布示意图（数据截至 2017 年底）

华夏航空于 2006 年 4 月正式成立，是中国第一家专门从事支线航空客货运输的航空公司，在贵阳龙洞堡国际机场、重庆江北国际机场、大连周水子国际机场、呼和浩特白塔国际机场、西安咸阳国际机场均设有基地。目前，华夏航空开通航线 100 余条，其中支线航线占比 95%，飞往全国百余个航点。华夏航空选用 CRJ900 作为主力运营机型，近年又使用空客 A320 飞机执飞航线，开启了支线市场双机型运营模式。

幸福航空于 2008 年由中国航空工业集团发起组建，2018 年 11 月，陕西省、西安市与中国航空工业集团签署协议，西安航空航天投资股份有限公司牵头对幸福航空进行重组，成为幸福航空控股股东。股权转让后，形成股本构成为西安航空航天投资股份有限公司占比 65%、幸福航空控股有限公司（中国航空工业集团全资子公司）占比 24%、奥凯航空有限公司（简称"奥凯航空"）占比 5%、北京幸福众持投资管理有限公司占比 6% 的幸福航空。

目前，幸福航空拥有 24 架 MA60 飞机，1 架波音 737 飞机，员工 1 400 余名，建成运营基地 10 个，开通航线 30 余条（图 2-33）。未来，幸福航空计划以西安咸阳国际机场为主干线基地，干支并举，提升服务品质、扩大机队规模。

成都航空成立于 2010 年 1 月，由中国商飞、四川航空集团有限责任公司、成都交通投资集团有限公司出资组建。成都航空总部设在四川成都，主运营基地设在成都双流国际机场，经营范围包括国内航空客货运输业务和航空器材进出口业务等。成都航空拥有空客 A320 和 ARJ21-700 两种机型，先后开通运营 70 多条国内航线。

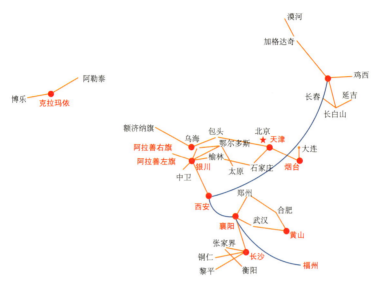

图 2-33　幸福航空航线示意图

# ✈ 中国支线航空商业运营模式

从全球范围来看，支线航空公司主要有四种商业运营模式，包括独立运营、作为干线航空公司的子品牌运营、完全由干线航空公司运营、在干线航空公司的运力购买协议框架下运营。目前，中国支线航空公司可以看作都是以独立运营的商业模式存在，并在航线运营上做出了一些开创性的探索。

1. 华夏航空的探索性实践

支线航空是整个航空运输体系的组成部分，支线航空与干线航空必须有机结合，提升支线航空通达性，才能推动支线航空可持续发展。干支结合主要指航空公司之间或内部通过干线飞机和支线飞机中转联运，合作运送旅客的运营方式。当前中国民航内干支中转呈现小范围、无序化的发展态势。干支中转没有建立起一套完整的服务体系与标准，干支中转产品未实现销售渠道的全面突破，各个参与主体面临信息割裂、互不相通的境况，航班不正常的旅客服务保障机制也未能及时有效地发挥。整体上中国民航的干支中转体验仍处于较低水平，缺乏一套标准化、体系化的中转服务产品。

中国支线航空公司的典型代表华夏航空，是专注于支线航空运输的航空公司。它自 2006 年成立以来，在适应中国支线航空运输的模式上进行了艰难的探索，探索实践了适应于当前中国航空运输市场特点的干支结合的支线航空运营模式。

1）通程航班模式

华夏航空自 2014 年 9 月开始与国航进行干支结合方面的探索性合作，陆续与中国国际航空股份有限公司（简称"国航"）、南方航空、深圳航空有限责任公司、山东航空等多家干线航空公司签署了合作协议，开展干支结合的中转联程业务，推出旅客联程运输服务——通程航班，通过与其他干线航空公司合作，以代码共享和特殊比例分摊协议（special prorate agreement，SPA）的方式，在部分区域枢纽机场内，通过干支中转的形式，搭建三、四线城市到全国主要中心城市的空中快速通道。

华夏航空通程航班实践以"兴义模式"为代表，其特点主要归纳为以下几点。第一，通过合理的票价、高频率的航班、完善的地面中转保障服务，实现旅客集散由大巴到飞机的转变。以兴义到目的地干线机场产品成本构成，来制定兴义到目的地干线机场的票价，以"兴义—贵阳—北京"航线为例，此票价近似为兴义到贵阳乘坐大巴车的价格与贵阳至北京机票价格之和，对旅客来说是经济的。同时，华夏航空提高航班频率，兴义—贵阳航班由原有的每天 4 班增加到每天 7 班以上的高频率的直飞航线为旅客提供更为方便的出行选择。截至 2017 年夏秋航季，兴义开通了 11 条航线，通航国内 15 个航点，包括北京、上海和广州等热点城市。第二，华夏航空与干线航空公司之间，通过签订通程产品特殊比例分摊协议实现双赢。借助贵阳基地丰富的干线网络资源，与南方航空贵州分公司、国航贵州分公司等航空公司进行深度网络合作，双方在兴义始发至全国主要中心城市的多数通程产品上采取特殊比例分摊的方式开展联运，预留合适的座位数向通程旅客开放，弥补各自在不同类型旅客资源获取上的不足，最终实现双方共赢。第三，完善服务保障标准程序，保证通程航班的正常运转，提高干支中转服务体验水平。华夏航空为通程航班探索构建了全渠道销售系统，实现通程信息流共享共通，打造一站式通程服务流程，包括兑现跨航空公司"一票到底、行李直挂"中转通程服务保障，搭建通程航班全程服务控制体系，以及响应中国民用航空局关于"真情服务"的要求，提供专人引导、专车接送、免费吃住、购物优惠等增值服务。华夏航空以信息化的服务保障不正常航班，开发不正常航班旅客通知系统，在航班不正常时第一时间告知旅客，实现航班信息共享，同时现场地面服务人员及时做出航班处置方案，妥善安排旅客行程，最大限度地保证旅客出行顺畅。华夏航空走在中国航空运输干支结合运营模式实践的前沿，为中国民航建立通程航班标准提供了先例。

兴义通程航班的成功实践，拓展了兴义机场的网络覆盖率，借助通程航班的网络，兴义机场实现到全国主要中心城市的平均频率达到 4 班。提升了兴义机场的有效吞吐量，仅贵阳往返兴义航班的旅客吞吐量占同期总量的 30%；通过转变地面交通客源，全年航班中转旅客比例达 15%，整体航班客座率增加至 77% 以上；兴义机场的航空通达性从 12.42 小时缩短至 8.42 小时，效率提升了 48%。

2）打造区域次级枢纽航线网络中心

近年来，干线机场时刻量增速逐年放缓，已无法满足运力的增长（全民航运力增速为 11%）需求，而在"控总量，调结构"的政策下，干线机场的时刻资源还将进一步被抑制，干线机场时刻资源越发紧张，可通过发展次级枢纽有效缓解。同时，部分城市的经济与人口体量也使得该地区的支线机场具备了发展成次级枢纽的潜力。

华夏航空在新疆地区将库尔勒机场打造成次级枢纽的航线网络中心，为探索支线航空运营模式积累了宝贵经验。库尔勒位于新疆中部，是巴音郭楞蒙古自治州的首府，政治、经济、文化中心，南北疆重要的交通枢纽和物资集散地，承东启西，连接南北，地理位置具有先天优势。华夏航空在基于提升新疆支线航空通达性目标上，利用库尔勒的天然优势，大力发展以库尔勒为中心的"支支串飞"航线，将库尔勒打造为新疆次级枢纽，构建"疆内成网辐射全疆，疆内疆外互通有无"的航空网络格局。

华夏航空进驻库尔勒后，该地区的通达性发生了显著变化。进驻前，通航 13 个干线航点，日频 1.63 班；通航 5 个支线航点，日频 1 班。进驻后，2019 年夏秋航季，库尔勒通航干线航点 15 个，日频近 1.71 班；支线航点 18 个，日频 1.42 班。华夏航空为该地区每周提供 417 个通程产品，通达 20 个城市，实现不同层级的网络融合，不仅丰富了库尔勒到疆内的支线网络，同时也带动库尔勒至疆外干线网络的拓展。库尔勒次级枢纽的打造不但可提升华夏航空自身的航班收入，也为旅客提供更多的出行选择，还为干线航空公司消耗剩余座位，创造更多的收益。

2. 幸福航空"环渤海快线"运营实践

近年来，中国国内多地的地方政府及其管辖的机场集团认识到航空运输对当地经济的拉动作用，从而主动加大投入，吸引航空公司开通或加密本地出发的航线。这形成具有中国特色的支线航空发展模式，即由地方政府和机场集团主导，携手航空公司共同培育低客流量支线，推动本地支线网络建设，以达到提升本地交通便捷性和经济发展水平的目的。

渤海从南到北分别由山东省、河北省、天津市与辽宁省的部分土地合围而成，只在东面中间有一道口与黄海相连。而日常所说的"环渤海地区"或"环渤海经济圈"的概念，则要更大一些，一般意义上是指京津冀、辽东半岛与山东半岛环渤海经济带，同时延伸辐射到辽宁、山东全境，山西及内蒙古中东部，面积约51.8万平方公里，覆盖人口约2.3亿人，占全国人口总数的17.5%；地区生产总值达到3.8万亿元，占全国生产总值的28.2%。环渤海地区是中国北部沿海的黄金海岸，在对外开放的沿海发展战略中占重要地位。渤海沿岸的一些著名城市，如烟台、天津、大连与秦皇岛等，直线距离看似很近，但陆路距离非常远，交通很不方便。

2017年3月，大连周水子国际机场、烟台蓬莱国际机场联合幸福航空、天津航空合作打造"烟大快线"（属于"环渤海快线"的一部分），空中飞行时间50分钟，最低票价仅需90元。在环渤海城市中，大连和烟台区位优势独特，虽然从烟台蓬莱到大连旅顺的直线距离只有106公里，却因渤海海峡阻隔，陆路需绕道1 800多公里，即便是乘船，也需要六七个小时的船程。近几年，大连、烟台两座城市间交流日趋频繁，每年有众多的人往返于两城之间开展贸易、探亲、旅游。为满足两地旅客需求，从2017年起，大连周水子国际机场开始积极推动大连至烟台的航班实现快捷化、公交化运营。在推进"环渤海快线"的过程中，烟台蓬莱国际机场参照了"京沪空中快线"的做法，同京沪航线客源类似，"环渤海快线"主要面向公务、商务旅客。据烟台蓬莱国际机场介绍，烟大轮渡每年运送旅客 500 万人次，航空服务针对的则是高端旅客，若旅客人数达到水运的 2%，利润就很可观了。烟台蓬莱国际机场的运营模式和"京沪空中快线"几乎一样，采用专门的值机柜台、安检通道、候机区域和登机口。不仅如此，飞机的客舱清洁、加油、食品补给、货物装卸等保障工作，在烟台蓬莱国际机场只要 20 分钟就能完成，远远高于民航业内通常的标准。烟台蓬莱国际机场的目标就是要把航空的时间优势发挥到最大，将旅客的旅途时间减到最少，从而提高民航的市场竞争力。

据烟台蓬莱国际机场介绍，在奥凯航空使用 MA60 飞机进入"烟大快线"之前，已经有航空公司使用波音 737 与空客 A320 大机型飞机飞过，但由于运营成本等原因相继停飞。2008 年 10 月，奥凯航空引进的首架 MA60 飞机投入环渤海区域（天津—大连—烟台—锦州）运营。支线飞机对于 500 公里以内航段，无论是油耗、价格，还是成本都有优势。由于烟台到大连距离不足两百公里，距离短且需要频繁起降，干线飞机运营成本较高。因此，无论是从耗油来说，还是从飞机的成本摊销来说，用支线飞机都更有优势。用支线飞机执飞，还可以通过加密航班，提升空中出行的便捷性，吸引更多的旅客选择飞机，实现乘客、航空公司与机场等各方面的良性互动及合作共赢。奥凯航空成功打造了天津—烟台—天津、烟台—大连—锦州的"环渤海快线"，为环渤海经济圈城市间的商贸交流与发展提供了高效、经济的空中快线（图 2-34）。2016 年 10 月 28 日，幸福航空与奥凯航空支线事业部进行联合重组，组建新的幸福航空。新幸福航空继续在"烟大快线"使用 MA60 飞机，进行大密度穿梭飞行，快速过站，成功创造了纯市场化的运营模式。

经过培育市场，近几年往返烟台与大连两地的人们越来越多地选择乘飞机出行。据统计，每年往返烟台与大连两地的旅客流量达近千万人次，而乘飞机的只有三四十万人次，不足总客流量的5%，因此，"烟大快线"的市场前景很可观。

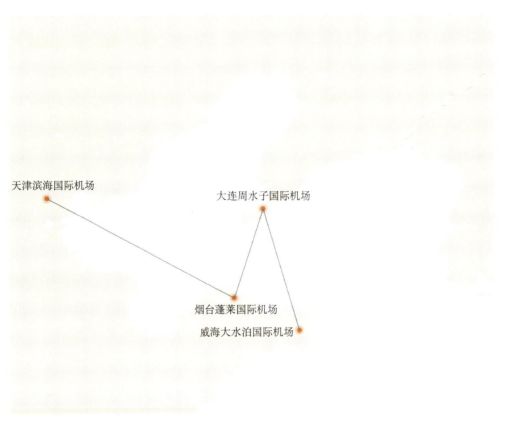

天津滨海国际机场

大连周水子国际机场

烟台蓬莱国际机场

威海大水泊国际机场

图 2-34　幸福航空"环渤海航线"

在打造环渤海航线的过程中，幸福航空积累了宝贵的支线飞机运营经验。幸福航空在烟台基地有 19 名员工，其中机务人员 10 名，管理人员（含总经理）共 9 名，主要负责"烟大快线"MA60 飞机的运营保障。基地对两类人员实行不同的管理方式，机务人员"专人专职"，管理人员"一岗多能",充分利用现有人力资源,提升管理效率,对降低公司运营成本起到重要作用。

3.内蒙古民航机场集团打造区域支线网络

目前,内蒙古地区共运营民航运输机场 19 个,其中干线机场 1 个、支线机场 15 个、通勤机场 3 个,形成了以呼和浩特为枢纽,"一干多支"的机场布局。在北京首都国际机场国际枢纽定位更加明确、京津冀城市群快速发展的背景下,内蒙古呼和浩特白塔国际机场区域枢纽,包头东河机场、鄂尔多斯伊金霍洛国际机场次级枢纽的功能得到加强,"呼包鄂"机场群将成为区内支线市场和跨区域干线市场的连接点,干支结合、干支联动的运营模式将取代干支同质化竞争的不利局面,为支线航空的发展带来巨大的发展机遇。作为内蒙古机场干支联动的发展战略核心,呼和浩特白塔国际机场提供"首府中转"服务产品,由点到面构建航线网络,中转战略成效显著,且 3 年来内蒙古支线机场运力贡献逐年攀升。

自治区内"支线快线"和"支支通"战略的逐步落实为开创干支结合、干支联动模式奠定了基础。近年来"支线快线"模式初获成效,培育了多条成熟的高频率航线,部分航线的航班频率连续增长,已达到 80—123 班/周的水平,其中涡扇支线飞机的运力占比增长超过单通道飞机,个别航线曾出现全年全支线飞机运营的情况。"支支通"模式在政策支持、各支线机场明确定位的过程中具有相当大的发展潜力。目前,区内 15 个支线机场中,有直航航班的仅为 21 对,未来新开航线潜力大。

唯一的干线机场呼和浩特白塔国际机场连接了自治区内的 13 个支线机场,在打造"支线快线"战略的指导下,呼和浩特—赤峰、呼和浩特—呼伦贝尔、呼和浩特—乌兰浩特、呼和浩特—满洲里、呼和浩特—

通辽、呼和浩特—锡林浩特共 6 条航线频率保持连续 3 年（2015—2017年）高速增长，年平均增长率分别达到 21.3%、29.5%、26%、23.6%、19.9%、15.8%，这 6 条航线在 2017 年的航班周频率（往返总和）分别达到 123、131、54、27、94、82 班。6 条航线多年运营中采用涡扇支线客机和单通道客机运营，涡扇支线客机的可供座位数占比除呼和浩特—呼伦贝尔外，其余 5 条航线在 2013—2017 年普遍快速增长，尤其是呼和浩特—赤峰及呼和浩特—乌兰浩特航线，2017 年占比分别达到了 86% 和 100%（图 2-35）。呼和浩特—乌兰浩特在近两年由华夏航空和天津航空运营，分别采用 CRJ900 和 E190 飞机，两家航空公司运力份额比约为 5∶1。呼和浩特—赤峰航线在 2015 年完全被天津航空垄断，由 E190、E195 和 ERJ145 飞机执飞。随后两年，国航、华夏航空和深圳东海航空有限公司进驻，分别采用波音 737-800 和 CRJ900 飞机执飞，

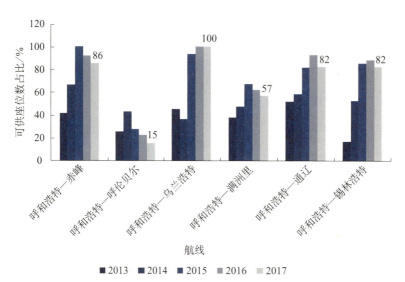

图 2-35　内蒙古自治区内 6 条航线涡扇支线客机可供座位数占比（2013—2017 年）[①]

---

① 数据来源于 OAG。

与天津航空共享市场。

另外，2017 年，内蒙古自治区内 15 个支线机场之间的航线条数仅为 21 条，支线机场间的互通仍有相当大的发展潜力（图 2-36）。2017 年这 15 个支线机场之间各机型的运力份额分别为：涡扇支线客机 59.1%，单通道客机 37.6%，涡桨支线客机 3.3%。

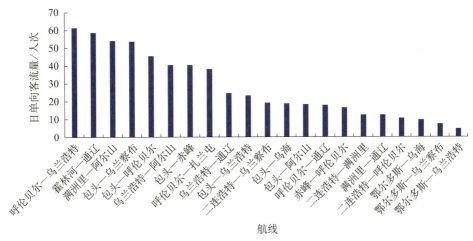

图 2-36　内蒙古自治区"支支通"航线客流量（2017 年）

"支线快线"和"支支通"的运营模式能够快速增强呼和浩特白塔国际机场的区域枢纽功能，为其扩大客流来源，并提高其作为中转机场的衔接效率。内蒙古民航机场集团于 2017 年 9 月 20 日推出"经呼飞"中转无忧服务产品。通过在呼和浩特白塔国际机场提供"六免、五优、双享"的中转服务，实现中转旅客免二次安检、中转行李免再次托运、当日中转旅客享受免费正餐、隔夜中转旅客免费住宿、免费接送机及提供免费休息专区的承诺，并且向中转旅客提供包括中转机票、机场购物、餐饮、头等舱休息室的使用和自驾租车等方面的优惠，使中转旅客享受到超短衔接时间保障及中转全程引导。该产品推出后，经呼和浩特白塔国际机场中转旅客人数呈同比上升趋势，2018 年第一季度经呼和浩特白塔国际机场中转的人数达到 22.6 万，同比增长 69.7%；其中内蒙古各盟市的支线机场出发 9.4 万人，同比增长 51.7%；其他省份的干线机场出发 13.2 万人，同比增长 85.4%。内蒙古呼伦贝尔、赤峰、锡林浩特、通辽等城市的中转旅客人数占支线机场中转旅客人数的比重很大。各支线机场通过首府中转的旅客流向主要集中在自治区外各大枢纽机场和旅游热点城市，而以乌鲁木齐、哈尔滨、长春、兰州等为主的干线机场出发经呼和浩特中转的旅客，流向自治区内支线机场仍然主要为呼伦贝尔、赤峰、锡林浩特、通辽等。呼和浩特白塔国际机场正成为东北地区（哈尔滨、长春等）与西北地区（乌鲁木齐、兰州等）往来更具优势的中转枢纽港。

内蒙古自治区对支线航空发展的战略规划和支持取得了显著成效，航空运输的运营环境不断升级，航空公司纷纷看好其发展前景。2018 年 3 月，内蒙古自治区自营的天骄航空有限责任公司（简称"天骄航空"）经中国民用航空局批准筹建，同年 10 月与中国商飞签订购买 ARJ21 飞机的合同，2019 年实现首架交付运营，ARJ21 飞机将作为新的支线飞机机型参与内蒙古市场的运营，为该地区支线航空的发展增添新的活力。

## ✈ 中国支线航空运输补贴

提供支线航空补贴是解决支线航空市场供需矛盾、减缓竞争性市场带来的不公平的重要手段。由于支线航空具备一定的公共性属性，财政补贴从根本上来说是为了满足公共服务可持续发展的需要。此外，支线航空还具有极强的外部性，它的贡献并不仅从航空运输业本身的收入上体现出来，而且还通过从地方经济发展、旅游文化发展的巨大带动作用来体现。

1. 发展历程

作为一项财政政策，中国的支线航空补贴政策经历了几个发展阶段，制度安排日趋完善，反映了我国经济、社会、航空运输市场的发展历程。20 世纪 90 年代，属于全额补贴时期，政府核定支线航空的亏损额并进行全额补贴，多亏不补，减亏留用，并且确定额度之后三年不变；2002 年，开始了属地化改革时期，规定以前三年平均亏损额为基数，由原民航企业所得税返还（中央部分）和由中央财政收取的机场建设费两项中，支出直接拨付地方财政，原则上补贴到 2005 年末。自 2006 年起，进入差别化补贴时期，中国民用航空总局于 2006 年 8 月 16 日颁布了《民航专项基金投资补助机场建设项目实施办法》，充分体现了"向安全建设倾斜、向不发达地区倾斜、向中小机场倾斜"的政策导向。2008 年 3 月 19 日，《民航中小机场补贴管理暂行办法》（民航发〔2008〕15 号）和《支线航空补贴管理暂行办法》（民航发〔2008〕17 号）的制定和颁布，则标志着制度化补贴时期的到来，它们分别明确规定了对支线机场和航空公司进行支线运营的补贴规则。

自此以后，支线航空补贴政策进入实施、反馈、修正、完善的渐进过程。2012 年 4 月 1 日，财政部发布《民航发展基金征收使用管理暂行办法》（财综〔2012〕17 号），以民航发展基金取代原民航"一金一费"，即民航基础设施建设基金和民航机场管理建设费。文件中不但规定了对乘坐支线机型执飞航班的旅客免征民航发展基金，还进一步明确了继续对支线航空进行补贴的政策方针。根据这一文件，2013 年 3 月 1 日，《支线航空补贴管理暂行办法》（民航发〔2013〕28 号）颁布，对已执行 5 年的原支线航空补贴办法进行首次修订。

## 2. 规模和分布

自 2013 年起，中国民用航空局每年都会根据上一年度的支线生产运营情况和补贴申请，核算公布下一年度的支线补贴预算方案。支线航空补贴预算金额从 2013 年的约 4.3 亿元，增加到 2017 年的约 9.9 亿元，并从 2015 年起，每年较为稳定地保持在 10 亿元左右（图 2-37）。

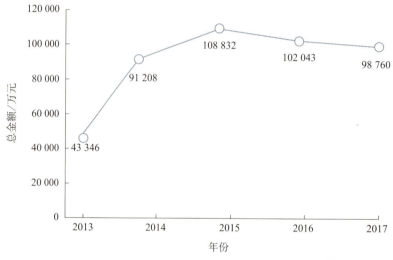

图 2-37　2013—2017 年支线航空补贴预算总额 [①]

从补贴受益的航线看，5 年（2013—2017 年）累计获得支线补贴金额最多的前三位分别是西南局的西藏航线、非西藏航线，以及新疆局，补贴金额最少的是华东局和中南局，如图 2-38 所示。这基本准确地反映了中国支线航线集中的区域，也表明支线补贴总体上来说用在了需要之处。但东北作为另一支线航空重点发展的区域市场，总补贴金额略低，这或许和支线运量暂时还较小有关，有待后续进一步开展航线级别的数据挖掘与分析。

---

① 资料来源于中国民航 2013—2017 年支线航空补贴预算方案。

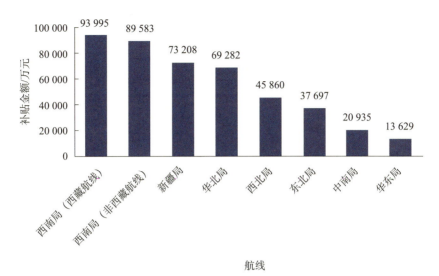

图 2-38  2013—2017 年各地方局支线航空补贴预算金额

从受益的航空公司看，累计共有 34 家航空企业获得支线补贴，将 2013—2017 年补贴金额相加，其中获得补贴最多的前十位航空公司占据了 90% 的补贴份额。东方航空位列第一，五年共获得约 9.3 亿元补贴；南方航空其次，约为 7.9 亿元；天津航空、华夏航空和奥凯航空，分别位列第三、第七和第八位；西藏航空有限公司（简称"西藏航空"）、四川航空、国航因运营大量西南地区航线，包括藏区航线、高原（高高原）航线而获得较多补贴，分列第四至六位（表 2-3）。

对补贴金额最多的五个区域做进一步分析，可以看到，在西南局（非西藏航线）和西北局，东方航空获得补贴占比 51% 和 46%，以压倒性的比例获得最多补贴。在新疆局，南方航空所获补贴高达 53%，天津航空也获得 39% 的补贴。在华北局，中国联合航空有限公司（简称"中国联航"）、东方航空和华夏航空共同获得约半数的补贴，如图 2-39 至图 2-43 所示。

表2-3 航空企业获支线航空补贴情况（2013—2017年）

| 补贴金额排名 | 航空公司 | 历年补贴合计／万元 | 获得补贴占比／% |
|---|---|---|---|
| 1 | 东方航空 | 93 078 | 21 |
| 2 | 南方航空 | 79 385 | 18 |
| 3 | 天津航空 | 66 801 | 15 |
| 4 | 西藏航空 | 38 499 | 9 |
| 5 | 四川航空 | 37 332 | 8 |
| 6 | 国航 | 26 401 | 6 |
| 7 | 华夏航空 | 23 875 | 5 |
| 8 | 奥凯航空 | 14 418 | 3 |
| 9 | 中国联航 | 12 365 | 3 |
| 10 | 西部航空 | 7 404 | 2 |

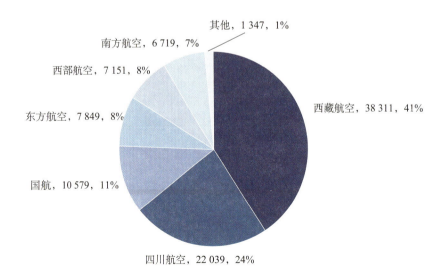

图2-39 2013—2017年西南局（西藏航线）各航空公司所获支线航空补贴比例

（单位：万元）

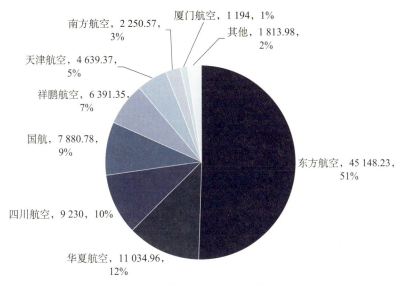

图 2-40　2013—2017 年西南局（非西藏航线）各航空公司所获支线航空补贴比例
（单位：万元）

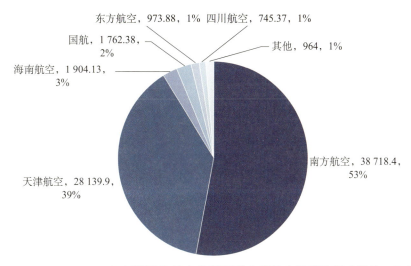

图 2-41　2013—2017 年新疆局各航空公司所获支线航空补贴比例（单位：万元）

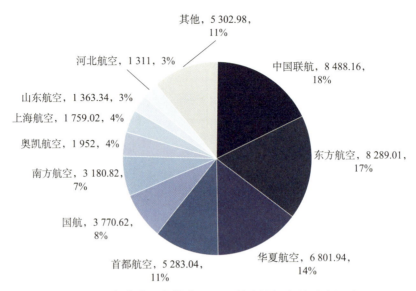

图 2-42　2013—2017 年华北局各航空公司所获支线航空补贴比例（单位：万元）

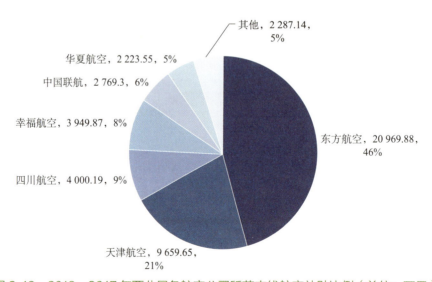

图 2-43　2013—2017 年西北局各航空公司所获支线航空补贴比例（单位：万元）

### 3.政策效果

目前执行的支线补贴方案，仍具有一定限制。以 2016 年全年运量进行的补贴额为例，从测算数据可以看出，按照现行补贴政策，全国航空公司全年应补贴 10.15 亿元，其中干线飞机 7.8 亿元，支线飞机 2.35 亿元；平均每人次补贴 42 元，其中干线飞机每人次补贴 43 元，而支线飞机每人次补贴 39 元；折合每班次平均补贴 2 576 元，其中干线飞机为 3 441 元，支线飞机为 1 673 元。总的来说，所补贴航线中，支线飞机运量占 38%，补贴金额占总金额的 36%。补贴政策的本意是为经营盈利性差、旅客量小、连接经济欠发达偏远地区航空公司的航线提供在市场中竞争的基础，从而实现航空普遍服务，促进支线航空发展。但按照客座率进行补贴，使得在同样的市场条件下，使用干线飞机所获补贴金额很可能比支线飞机更多，无法引导航空公司使用与需求相匹配的机型进行航线运营，会间接引导航空公司通过使用干线飞机获取更多补贴。

根据数据显示，在 2013—2017 年，70% 以上的支线机场开设的第一条航线的诉求都是申请其和北上广深等一线城市直接连接，干线飞机执飞 90% 以上的支线机场航线。一方面，在同等收费标准下，航空公司更愿意用具有规模效应和盈利空间的干线飞机；另一方面，由于大型飞机的宣传效果，地方政府在制定支持政策时，倾向于让干线飞机进入本地市场。这就形成了干线飞机比支线飞机获取更多补贴的现象。同时，支线航线的旅客量相对较低，导致干线飞机上有一定比例的座位处于空置状态。再者，干线飞机的航段运营成本高、耗油量大。因此，这些支线航线具有运营经济性差、污染排放率高等弊端。其产生的效益难以弥补地方政府的补贴，而大多数地方政府的财政力量又难以支撑巨额的补贴支出，当补贴终止时，干线飞机也会因为成本原因退出市场。

总体看来，目前的支线航线补贴政策充分考虑到当时的整体环境，协同中小机场补贴等政策初步形成了对支线市场的整体支持框架，分担了地方政府的财政压力，在出台后有效促进了支线航空市场的增长并提高了航空公司运营支线的积极性。但该政策在支线航空公司不断增多，支线机队规模不断扩大的现阶段，有待进一步完善。因其未考虑不同航线的运输成本和收入，补贴范围没有突出重点对象，其补贴方式可能会诱导航空公司使用与需求并不匹配的干线飞机进行支线航线运营，以获取更高补贴，从而提高整体运营成本，挤压支线航空公司的生存空间，打击支线航空公司长期深耕支线航线的积极性，可能制约干支结合网络的构建，制约大中小航空公司的协同发展。

欧美等国家和地区的支线航空是航空业整体发展到一定程度的结果，也是随着放松管制政策的出台，民航业激烈竞争的产物。我国民航业经过几十年的发展，目前支线航空的发展仍不充分，具体表现在支线飞机的机队规模小、支线飞机执飞的支线航线运力运量比例低、支线机场多数处于亏损状态、能够专注于运营支线航空市场的航空公司屈指可数。

进入 21 世纪，我国各界对支线航空重要性的认识不断加深，监管机构、航空公司、机场集团、地方政府纷纷探索适合我国国情的支线航空发展模式，获得很多有用的经验，初步展示了我国支线航空发展的前景和方向，为后续进一步探索奠定了良好的基础。

# 第 3 章

支线航空制造业现状
与分析

　　支线航空制造业没有明确的发展起点，在 20 世纪 50 年代就有了"流量较小"这个意义上的支线航线。20 世纪 70 年代末，美国通过《航空业放松管制法》，航空运输市场明显地细分为支线航空和干线航空，成为支线航空产业兴起的重要分水岭。纵观 20 世纪航空制造业的发展历程，从莱特兄弟的"飞行者"获得成功开始，飞机呈现出越来越大、越飞越远、可靠性越来越高、经济性越来越好等特点。支线航空这个细分市场出现后，支线航空公司专注使用座级较小、航程较短的支线飞机，干线航空公司专注使用座级较大、航程较远的干线飞机，生产支线飞机的支线航空制造业也相对独立出来，成为航空制造业的重要组成部分，支持和推动着支线航空运输业的运转、成熟和发展，自身也在不断地完善和变革。本章首先梳理了国外支线航空制造业的发展历程，勾勒出支线飞机随着市场需求的变化而不断发展的图景；接着介绍了国内主要支线飞机和相关制造商。需要说明的是，由于我国的航空运输市场在相当长的一段时间并没有发展出支线航空这个细分市场，也没有干支飞机之分，早期的运-5、运-12 等机型在我国的航空运输体系中扮演支线飞机的角色，推动了我国支线航空运输市场的发展。

# ⬖ 01 国外支线航空制造业发展情况

近年来，支线航空制造业发生较大变化。本节简要介绍国外支线航空制造业的发展历程、发展现状，并进行总结。

## ✈ 国外支线航空制造业发展历程

国外用于支线航空运输的支线飞机，是为适应区域连通和建立航空枢纽而逐渐发展起来的。在美国，"枢纽-轮辐式"航线网络形成之前，航空运输中短程的"点对点"运输是由短程、轻型运输机承担的。1978年 10 月，美国《航空业放松管制法》首次按照载客量和重量定义支线运营商，促进了支线航空的发展。经过 40 余年的发展，支线飞机已逐渐从一般运输机的行列中分离出来，并已显露出其独特的发展规律。目前，航空制造业在规划、设计、制造和运营环节中，都已把支线飞机作为一个独立的机种来对待。国外支线航空制造业的发展过程大致分为以下三个阶段。

1. 以"应急"型号为主的时期

20 世纪 50 年代至 80 年代，随着航空客运量的增加，航空客运市场逐渐细分出干线和支线市场。1978 年，美国国会通过的《航空业放松管制法》是支线运输发展的里程碑，为了适应支线航空蓬勃发展的需要，飞机制造商以各种方式推出"应急"的支线飞机。最便捷的方式是直接使用干线飞机淘汰下来的小型活塞式飞机（如美国道格拉斯公司生产的 DC-3），或者将原来的多用短途飞机经过简单改装"升级"为支线飞机（如加拿大德·哈维兰公司的 Dash5E）。一批中短程运输机由于其原有的技术性能（商载、座级、航程等）较能满足支线航空的需要，成为这一时期支线飞机的"幸运者"。这一时期的代表性支线飞机型号包括法国南方航空公司（Sud Aviation Firm）[①]生产的 Caravelle SE210[②]；美国康维尔公司生产的 Convair 440；荷兰福克公司生产的 Fokker F28；英国霍克·西德利公司（Hawker Siddeley）[③]生产的 BAe 748，肖特兄弟公司生产的 Shorts 330；加拿大德·哈维兰公司生产的 Dash6、Dash7[④]；苏联雅克夫列夫设计局研制的 Yak-40；联邦德国原联合航空技术-福克公司（VFW-Fokker）[⑤]为主生产的 VFW614；美国比奇飞机公司生产的 Beech King Air C90；日本航空机制造株式会社（NAMC）生产的 YS-11 等。

---

[①] 1970 年 1 月 1 日，法国两大国有飞机制造公司南方航空公司、北方航空公司和导弹研究制造公司合并组成国营航空航天工业公司（Societe Nationale Industrielle Aerospatiale，简称"法国宇航公司"），后并入空客公司。
[②] 1959 年投入使用的 Caravelle SE210 飞机解决了将涡扇飞机用于短程航线的问题。该型机共售出 278 架，并且打入美国市场。
[③] 20 世纪 70 年代末，该公司完成国有化，成为英国航宇公司（British Aerospace Corporation，BAe）的一部分。
[④] Dash6、Dash7 项目后来出售给加拿大 Viking 公司。
[⑤] 此公司是由联邦德国政府资助，与荷兰合股经营。

2. 以改进改型"应急"型号为主的时期

进入 20 世纪 80 年代，由于支线航空运输的迅速发展，"应急"的支线飞机满足不了市场需求，各飞机制造商开始将"应急"飞机进行改进改型以满足市场需求。例如，英国肖特兄弟公司在 Shorts 330 基础上改型研制了 Shorts 360；英国航宇公司①在 BAe 748 的基础上发展形成了 BAe ATP；荷兰福克公司基于 Fokker F27 发展形成了 Fokker F50；西班牙航空制造公司和印度尼西亚飞机工业有限公司在西班牙的 C-212 基础上联合研制了 CN-235；巴航工业由 EMB 110 改型发展了 EMB 120 等。30—60 座的支线飞机是这样，20 座以下的小型支线飞机也是如此。例如，20 世纪 80 年代投入使用的美国比奇飞机公司研制的 Beech 99（15座）、Beech 100（19 座）；美国费尔柴尔德公司（Fairchild）研制的 Metro Ⅲ（19 座）；英国航宇公司研制的 Jetstream 31（19 座）等都是在已有型号的基础上改型发展的。此外，随着科学技术的进步，一些新研制的支线飞机也逐步出现，例如，瑞典萨博（SAAB）公司和美国费尔柴尔德公司共同研发生产了萨博 340。

3. 以全新设计的型号为主的时期

20 世纪 90 年代，全球支线航空制造业进入按照支线航空市场需求设计全新的支线飞机产品的时期，并表现出系列化的特点。例如，费尔柴尔德-道尼尔公司（Fairchild-Dornier）②1997 年起以涡桨飞机 Dornier328 为基础开发的 32/34 座的 FD328JET；巴航工业从 1996 年开始以涡桨飞机 EMB 120 为基础，通过 CBA-123 过渡为 37—108 座的 ERJ 系列；英

---

① 1999 年 11 月，英国航宇公司与马可尼电子系统公司（Marconi Electronic Systems）合并，成为现在的英国 BAE 系统公司（BAE Systems）。
② 1996 年，费尔柴尔德公司收购道尼尔公司 80％ 的股权，整个集团更名为费尔柴尔德-道尼尔公司。

国航宇公司以短程运输机 BAe 146 系列为基础，针对支线航空需求发展出 Avro RJ 系列，覆盖了 70—116 座的范围；加拿大庞巴迪公司以公务机"挑战者" 600 为基础发展的 CRJ 系列覆盖了 50—104 座的范围。在涡扇支线飞机发展势头强劲的同时，涡桨支线飞机厂商也努力采用先进技术弥补涡桨发动机带来的某些不足，充分发挥涡桨发动机的优势，创造出独具特色的涡桨支线飞机。因此，20 世纪 90 年代以后，仍有新的涡桨支线飞机在开发和投入使用。例如，瑞典萨博公司在萨博 340 的基础上研制了萨博 2000；俄罗斯伊留申设计局设计的伊尔-114；乌克兰安东诺夫公司研制的安-140；加拿大庞巴迪公司的 Dash8-Q400；法国和意大利合资公司 ATR（法语：Avions de transport régional，意大利语：Aerei da Trasporto Regionale）研制的 ATR42、ATR72。

## → 国外支线航空制造业的现状

1. 主要支线飞机型号

目前，市场上主力支线飞机机型分为涡扇支线飞机和涡桨支线飞机两类，涡扇支线飞机主要型号有庞巴迪公司的 CRJ 系列，巴航工业的 ERJ145 系列、E170 和 E175 飞机，俄罗斯联合飞机制造公司的 SSJ100 飞机等；涡桨支线飞机主要型号为 ATR 公司的 ATR42、ATR72 系列飞机，以及庞巴迪公司的 Dash8-Q400 飞机。

1）CRJ 系列

CRJ 是在加拿大飞机公司（Canadair）"挑战者" 600 公务机基础上研制的双发涡扇支线飞机。1986 年，庞巴迪公司收购加拿大飞机公司后正式开始研制。1991 年 5 月，第一架 CRJ100 原型机首飞成功。CRJ 系列主要包括 50 座级的 CRJ100、CRJ200、CRJ550，70 座级的 CRJ700，

90 座级的 CRJ900 和 100 座级的 CRJ1000。CRJ 系列飞机不仅可用于扩大"点对点"的支线运输，还可用于增加从枢纽机场的辐射式运输。截至 2017 年 12 月 31 日，全球在役 CRJ 系列飞机 1 263 架，其中欧洲地区（不含独联体国家，下文同）136 架、北美地区 924 架、拉美地区 19 架、亚太地区（包含中国，下文同）69 架、非洲地区 37 架、中东地区 12 架、俄罗斯和其他独联体国家 66 架。中国在役的 CRJ 系列飞机数量为 32 架。

2）ERJ145 系列

ERJ145 系列是巴航工业研制生产的 50 座涡扇支线飞机型号。巴航工业于 1989 年 6 月在巴黎航展上首次披露了 EMB 145 的研制计划。1995 年 8 月 11 日，该机首飞；1996 年 12 月 16 日，获美国适航证书；12 月 19 日，交付美国大陆快运公司；1997 年 10 月，正式更名为 ERJ145。ERJ145 系列共有 4 款飞机，包括 50 座的 ERJ145、50 座的 ERJ145 XR、44 座的 ERJ140 和 37 座的 ERJ135。基于 ERJ145 平台生产的飞机交付超过 1 100 架，累计飞行时间超过 1 600 万小时。截至 2017 年 12 月 31 日，全球在役 ERJ145 系列飞机 485 架，其中欧洲地区 48 架、北美地区 320 架、拉美地区 18 架、亚太地区 18 架、非洲 68 架、中东地区 1 架、俄罗斯和其他独联体国家 12 架。中国在役的 ERJ145 系列飞机数量为 11 架。

3）E170、E175、E175-E2

E170、E175 属于巴航工业涡扇飞机 E-Jet 系列中的产品，定位为中短程飞机。2013 年 6 月，巴航工业启动 E-Jet E2 项目。截至 2017 年 12 月 31 日，全球在役 E170、E175 飞机共 658 架，其中欧洲地区 79 架，北美地区 491 架，拉美地区 14 架，亚太地区 33 架，非洲 17 架，中东地区 8 架，俄罗斯和其他独联体国家 16 架。中国无 E170、E175 飞机在役。

4）SSJ100 系列

SSJ100 系列是苏霍伊民用飞机公司（Sukhoi Civil Aircraft Company，SCAC，简称"苏霍伊民机公司"）以国际合作方式研制的涡扇支线飞机，目前已经交付的型号包括 SSJ100-95B 和 SSJ100LR 等，计划研制的型号包括 SSJ75[1]、SSJ100R[2] 飞机，以及 SSJ100 货机。飞机配备由俄罗斯土星公司（UEC-Saturn）与法国赛峰（原斯奈克玛）公司联合研制的 SaM146 发动机。飞机机载电子设备主要由意大利和法国著名航空电子设备生产商提供。截至 2017 年 12 月 31 日，全球在役 SSJ100 飞机 87 架，其中欧洲地区 6 架，拉美地区 16 架，俄罗斯和其他独联体国家 65 架。中国无 SSJ100 系列飞机在役。

5）Dash8-Q400

Dash8-Q400 飞机是加拿大庞巴迪公司研制的高速涡桨支线飞机，为 Dash8-Q300 的加长改进型。最大载客量 78 人，巡航时速可达 650 公里，最大航程约 2 390 公里，最大飞行高度可达 7 600 米。该机从 1995 年开始研制，1997 年 11 月出厂，1998 年首飞成功，已取得加拿大运输部、原欧洲联合航空局（Joint Aviation Authorities, JAA）和美国联邦航空局（Federal Aviation Administration，FAA）的适航许可，并已经在全球多家航空公司投入运营。截至 2017 年 12 月 31 日，全球在役 Dash8-Q400 飞机 508 架，其中欧洲地区 142 架，北美地区 170 架，拉美地区 2 架，亚太地区 112 架，非洲地区 60 架，中东地区 3 架，俄罗斯和其他独联体国家 19 架。中国无 Dash8-Q400 在役。

---

① SSJ75 是缩短型，该飞机计划采用俄罗斯国产 PD-10s 发动机，座位数从 98 个减少到 75 个。
② SSJ100R（Russified）计划大幅采用俄罗斯产品替换进口产品，使之更加国产化。

6）ATR42、ATR72 系列

ATR42 系列主要为载客数为 42、采用普惠公司 PW120 发动机的基本型 ATR42-200 飞机；在 ATR42-200 飞机的基础上仅有很小结构改动且增加了起飞重量和商载 / 航程能力，与 ATR42-200 飞机采用相同发动机的 ATR42-300 飞机；在 ATR42-300 飞机的基础上采用功率更大、性能更好的普惠公司 PW121 发动机的 ATR42-320 飞机；采用加强型机翼和坚固的起落架，提高飞行速度，增加飞行重量的 ATR42-500 飞机；采用普惠公司 PW127M 发动机、全新驾驶舱和航电仪表（多块液晶显示屏），操作更简捷，升级改造客舱内饰，更为舒适的 ATR42-600 飞机。截至 2017 年 12 月 31 日，全球在役 ATR42 系列飞机 187 架，其中欧洲地区 45 架，北美地区 29 架，拉美地区 53 架，亚太地区 38 架，非洲地区 17 架，俄罗斯和其他独联体国家 5 架。中国无 ATR42 系列飞机在役。

ATR72 系列主要为载客数为 72、采用普惠公司 PW124B 发动机的基本型 ATR72-200 飞机；采用高空和高温性能较好的普惠公司 PW127 发动机的改进型 ATR72-210 飞机；采用普惠公司 PW127F 发动机，六叶螺旋桨均由全复合材料制造的 ATR72-212A 飞机（亦称 ATR72-500 飞机）；在 ATR72-500 的基础上进行改进，采用普惠公司 PW127M 发动机，驾驶舱改为多块液晶显示屏，操作更便捷，增加起飞重量的 ATR72-600 飞机。截至 2017 年 12 月 31 日，全球在役 ATR72 系列飞机 671 架，其中欧洲地区 157 架，北美地区 6 架，拉美地区 86 架，亚太地区 341 架，非洲地区 46 架，中东地区 19 架，俄罗斯和其他独联体国家 16 架。中国台湾有 20 架 ATR72 系列飞机在役。[①]

---

① 此章节的国外主要支线飞机相关数据均来源于航升数据库。

国外主要支线飞机性能参数见表3-1。

表 3-1　国外主要支线飞机性能参数 [①]

| 飞机型号 | 制造商 | 标准客舱布局载客/人 | 翼展/m | 机长/m | 机高/m | 最大起飞重量/kg | 航程/km |
|---|---|---|---|---|---|---|---|
| CRJ550 | 庞巴迪 | 50 | 23.2 | 32.3 | 7.6 | 29 484 | 1 852 |
| CRJ700 | 庞巴迪 | 66（两舱）<br>74（单舱）<br>78（最大座级） | 23.2 | 32.3 | 7.6 | 基础：32 999<br>最大：34 019 | 2 593 |
| CRJ900 | 庞巴迪 | 81（两舱）<br>88（单舱）<br>90（最大座级） | 24.9 | 36.2 | 7.5 | 基础：36 514<br>最大：38 330 | 2 871 |
| CRJ1000 | 庞巴迪 | 97（两舱）<br>100（单舱）<br>104（最大座级） | 26.2 | 39.1 | 7.5 | 基础：38 995<br>最大：41 640 | 3 056 |
| ERJ135 | 巴航工业 | 30（排距为36英寸）<br>37（排距为31英寸） | 20.04 | 26.33 | 6.76 | 20 000 | 3 243 |
| ERJ140 | 巴航工业 | 44 | | 28.45 | | 21 100 | 3 058 |
| ERJ145 XR | 巴航工业 | 50 | | 29.87 | | 24 100 | 3 706 |
| E170 | 巴航工业 | 66—78 | 26 | 29.9 | 9.85 | 标准型：35 990<br>远程型：37 200<br>超远程型：38 600 | 3 982 |
| E175 | 巴航工业 | 76—88 | | 31.68 | 9.86 | 标准型：37 500<br>远程型：38 790<br>超远程型：40 370 | 4 074 |
| E175-E2 | 巴航工业 | 80—90 | 31 | 32.4 | 9.98 | 44 600 | 3 704 |

① 数据来源于各制造商官网。

续表

| 飞机型号 | 制造商 | 标准客舱布局载客 / 人 | 翼展 /m | 机长 /m | 机高 /m | 最大起飞重量 /kg | 航程 /km |
|---|---|---|---|---|---|---|---|
| SSJ100-95 | 苏霍伊 | 98 | | | | 45 880 | 3 048 |
| SSJ100-95LR | 苏霍伊 | 98 | 27.8 | 29.94 | 10.28 | 49 450 | 4 578 |
| ATR42-600 | ATR 公司 | 30—50 | 24.57 | 22.67 | 7.59 | 18 600 | 1 326 |
| ATR72-600 | ATR 公司 | 44—78 | 27.05 | 27.17 | 7.65 | 23 000 | 1 528 |
| Dash8-Q400 | 庞巴迪 | 90 | 28.4 | 32.8 | 8.4 | 27 987—30 481 | 2 040 |

## 2. 主要支线飞机制造商

经过多年发展，在商用支线飞机领域，国外的制造商主要有加拿大庞巴迪公司、巴航工业、俄罗斯联合飞机制造公司、日本三菱飞机公司及 ATR 公司。

庞巴迪公司始建于 1942 年，以生产雪橇车起家，总部位于加拿大蒙特利尔市，1986 年以 1.2 亿美元的价格购买了加拿大飞机公司，进军加拿大航空制造业，主要产品包括涡扇支线飞机 CRJ 系列、C 系列及涡桨支线飞机 Dash8-Q400。2018 年 7 月 1 日，空客公司宣布收购庞巴迪公司 C 系列飞机多数股权的协议正式生效[①]；7 月 10 日，C 系列更名为空客 A220 系列，成为空客公司旗下的产品。2018 年 11 月，庞巴迪公司将 Dash8 涡桨支线飞机项目和 "de Havilland" 商标出售给 Longview Aviation Capital 公司。此次庞巴迪公司出售的内容不仅包括 Dash8-Q400

---

① 根据 2017 年 10 月达成的协议，空客公司拥有 C 系列飞机有限合作公司（C Series Aircraft Limited Partnership, CSALP）50.01% 的股权，庞巴迪公司和魁北克投资公司（Investment Quebec, IQ）分别拥有约 34% 和 16% 的股权。

飞机，同时还出售其他 Dash8 系列飞机的所有资产和知识产权，包括 Q100、Q200 和 Q300 飞机。

巴航工业成立于 1969 年，总部位于巴西圣保罗州的圣诺泽杜斯坎普斯。巴航工业的业务范围主要包括四大部分：商用飞机、公务飞机、防务与安保，以及服务与支持。巴航工业在商用飞机领域主要产品包括 ERJ145 系列、E-Jet 系列和 E-Jet E2 系列飞机，其中支线飞机产品主要包括 ERJ145 系列、E-Jet 系列中的 E170 和 E175 飞机，以及 E-Jet E2 系列中的 E175-E2 飞机。

俄罗斯联合飞机制造公司（俄语简称"OAK"，英语简称"UAC"），总部位于俄罗斯莫斯科，成立于 2006 年 2 月，主要业务包括军机、运输机、民机和航空零部件制造四个部分。UAC 整合了苏霍伊、米格、伊留申、图波列夫、喀山、加加林、戈尔布诺夫、尼热戈罗德八个企业或设计局，由俄罗斯国家控股。UAC 旗下的支线飞机产品主要是 SSJ100 系列飞机。2018 年 10 月，俄罗斯总统普京签署法令，宣布将 92.31% 的 UAC 股份（由俄罗斯联邦国有资产管理局持有）转给俄罗斯国家技术集团（Rostec），2018 年 11 月底，俄罗斯国家技术集团已接手 UAC 超过 83% 的股份。俄罗斯国家技术集团表示将在完成合并后，对旗下的航空企业集群进行重组，划分出民机、军机、运输机三个部门，以及可能设立战略轰炸机部门。

日本三菱飞机公司（Mitsubishi Aircraft Corporation，MAC）是三菱重工（MHI）专门为三菱支线飞机（MRJ）项目于 2008 年 4 月成立的子公司，总部位于日本名古屋。MAC 旗下的支线飞机产品为研制中的 MRJ 系列飞机，包括 70 座级的 MRJ70 和 90 座级的 MRJ90。MRJ90 飞机于 2015 年 11 月实现首飞，但项目多次延期。2017 年 1 月，三菱重工对外宣布，MRJ90 飞机的交付时间从 2018 年中期调整至 2020 年中期。

　　ATR 公司是一家法国和意大利合资的飞机制造商，总部位于法国图卢兹。它由法国的 Aérospatiale 公司（现属于空客公司）和意大利的 Aeritalia 公司（现属于莱昂纳多公司）于 1981 年合资成立的。ATR 公司的主要产品是涡桨支线飞机 ATR42 系列和 ATR72 系列飞机。

　　3. 主要支线飞机市场情况

　　1）国外支线飞机在役数量情况

　　根据航升数据库，截至 2017 年底，国外在役支线飞机数量为 6 226 架，其中涡桨支线飞机 3 434 架，涡扇支线飞机 2 792 架（图 3-1）。

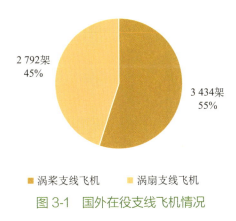

图 3-1　国外在役支线飞机情况

　　2）国外主要支线飞机新增订单和交付情况 ①

　　2013—2018 年，国外主要支线飞机新增订单在整体上呈现出下降的趋势，如图 3-2 所示。

---

① 此处主要支线飞机为 ATR42、ATR72、Dash8-Q400、CRJ 系列、ERJ145 系列、E170、E175、E175-E2。"新增订单"包含后来取消的订单，数据来自航升数据库。

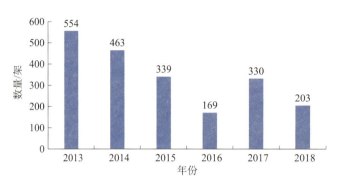

图 3-2　2013—2018 年国外主要支线飞机新增订单情况

2013—2018 年，国外主要支线飞机交付情况呈现先上升后下降的趋势，整体较为平稳，如图 3-3 所示。

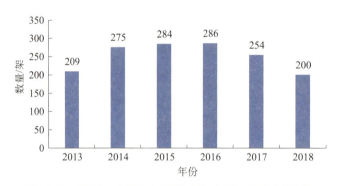

图 3-3　2013—2018 年国外主要支线飞机交付情况

4. 支线飞机主要变化趋势

支线飞机历经 40 余年发展，技术水平不断提高，产品座级数不断增加，燃油效率不断提高，涡扇支线飞机的机队规模不断扩大。

1）新机型座级数不断增加

20 世纪 80 年代，小座级支线飞机所占比例较大。1987 年，19 座以下的支线飞机创造了支线飞机年交货量的高峰；到 21 世纪 90 年代中期，20—40 座级的飞机所占的比例增加到 36%；到 20 世纪初期，支线飞机已经发展到以 50 座级为主，并朝着 70 座以上迈进。目前，国外支线飞机市场以 70 座级以上为主。从历史发展来看，支线飞机新机型座级数不断增加，如图 3-4 所示。

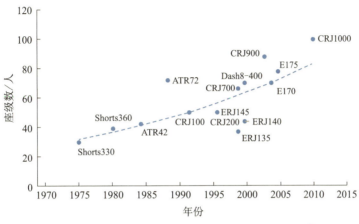

图 3-4　国外主要支线飞机机型座级数变化趋势 ①

2）燃油效率不断提高

在全球油价上涨的环境下，随着市场竞争的加剧，以及环保方面的要求逐渐提出，航空公司对支线飞机的经济性要求不断提高。支线飞机在原有基础上不断进行性能提升，提高燃油效率。例如，2014 年巴航工业通过优化 E175 飞机，使其燃油效率提升 6%；SSJ100 飞机采用马刀形翼梢小翼，降低了 3% 以上的油耗；庞巴迪公司的 CRJ900NG 飞机在原有机型的基础上将飞机的燃油效率提升了 4%。

3）支线飞机机队运载能力不断提升

在 20 世纪 90 年代中期以前，世界支线飞机以涡桨飞机为主。自 1995 年以来以 ERJ、CRJ 飞机为代表的涡扇支线飞机投入规模运营后，涡扇支线机队数量增长迅猛。虽然 2007 年后涡扇支线飞机机队数

---

① 数据来自各主制造商官网，虚线为增长趋势线。

量增长逐步放缓，但可用客座数量却不断增长（图3-5）。随着大座级涡扇支线飞机在市场中所占的比例逐步提升，支线机队的运载能力不断提升。

图 3-5　全球涡扇支线飞机发展趋势示意图

### → 国外支线航空制造业态势

支线航空制造业发展情况和近年来的变化及发展趋势，大致可以归纳为以下几点。

1. 支线飞机市场竞争格局发生重大变化

近两年，支线飞机市场竞争格局发生重大变化。C系列项目巨额的研发投入，让庞巴迪公司背负了巨额债务，与波音公司之间的贸易争端更是成为"压死骆驼的最后一根稻草"。为了改善财务状况、降低债务压力，庞巴迪公司在2017年将C系列飞机出售给空客公司，在2018年将Dash8系列飞机出售给Longview Aviation Capital公司，还将公务航空培训业务出售给加拿大CAE公司。这一系列举措几乎完全使庞巴迪公司剥离商用飞机制造领域业务，未来庞巴迪公司的支线商用飞机主制造商身份是否留存也存在不确定性。随着 SSJ100、MRJ 等机型的发展，涡扇支线飞机的市场竞争将打破此前庞巴迪公司和巴航工业垄断的格局，进入新的时代。

2. 100—140 座级的"跨界"飞机市场兴起

按照传统的市场细分规则，在支线飞机与干线飞机之间，存在座级为 100—140 的"跨界"飞机市场。随着支线飞机逐渐大型化，庞巴迪公司与巴航工业先后推出了针对此细分市场的 C 系列与 E 系列（E190、E195）飞机。近年来的市场订单数据也表现出了该市场的发展潜力不容小觑。空客公司收购 C 系列后，一方面可以凭借 C 系列的优良性能，补充空客公司此前在 100 座级市场的缺失，实现 100-600 座级全覆盖；另一方面，还可以依托在莫比尔总装厂增设的 C 系列生产线，加强对美国市场的渗透，进一步巩固自身在全球航空运输市场地位。

3. 市场进一步重视产品售后服务能力

随着支线航空的不断发展，市场对支线飞机的售后服务能力愈发看重。C 系列被空客公司收购前，订单表现不佳；收购并改为空客 A220 后，凭借空客公司的客户基础和售后服务能力，订单快速增长。SSJ100 飞机由于售后服务能力不足，造成飞机故障频出，日利用率不高，给产品运营带来了不良影响。对于单座成本相对较高的支线航空而言，不断提高产品售后服务能力，提高飞机日利用率，是未来发展的必然趋势。

4. 主制造商与供应商谈判或处于不利的地位

近两年来，全球商用飞机制造领域发生多起重大供应商并购事件。2017 年 1 月，法国赛峰宣布收购法国卓达航宇集团；2017 年 9 月，美国联合技术公司（United Technologies Corporation，UTC）收购美国罗克韦尔·柯林斯公司（Rockwell Collins）。供应商不断地以"联姻"的方式扩大规模，从而增加在主供模式下与主制造商谈判的筹码。支线飞机主制造商在与这样"联姻"形成的供应商巨头谈判中，可能处于较为不利的地位。

# ◇02 国内支线航空制造业发展情况

中国作为一个航空大国，从自主研制运-10，到合作研制 MD-82、MD-90、AE100 等飞机，几起几落，始终没有经历一个完整的飞机研制过程，没能制造出真正的商用飞机。进入 21 世纪，党中央、国务院站在历史和全局高度，做出自主研制大型客机的重大战略决策。2006 年，《国家中长期科学和技术发展规划纲要（2006—2020 年）》将大型客机项目列入 16 个重大科技专项。2007 年，大型客机项目立项。2008 年，中国商飞成立，中国商用飞机产业进入新的发展阶段。

## ✈ 国内支线航空制造业发展历程

发展中国的民用飞机，让中国人坐上自己的飞机，是中国几代航空人的夙愿。中华人民共和国成立后，陆续开展了多个型号飞机的研制，运-5 系列、运-12 系列、运-7 系列、新舟系列和 ARJ21 是我国支线飞机的代表机型。

1. 运-5 系列

第一个五年计划末期，1956 年 10 月，国家向南昌洪都飞机制造厂下达了制造安-2 飞机的任务，国产型号为运-5。这是一种小型多用途运输机，普通双翼布局，活塞式发动机，后三点起落架，可在简易机场上起降，载重 1.5 吨，是苏联 20 世纪 40 年代的产品，由苏联提供图纸进行仿制，1957 年 1 月开始全面试制，当年年底成功首飞，1958 年 3 月转入批生产。后来运-5 转到石家庄飞机厂生产，并做了改进改型。运-5 系列飞机累计生产逾千架，其中 225 架出口海外。目前运-5B 飞机年产量保持在 10 架左右。

2. 运-12 系列

运-12 轻型运输机是航空工业哈尔滨飞机工业集团有限责任公司（简称"哈飞公司"）在运-11 基础上进行深入改进研制的轻型双发多用途运输机，于 1980 年初开始设计，历时两年研制并最终定型。相比于运-11，运-12 机型主要的改进包括换装了普惠 PT6A 涡桨发动机，采用新的翼型、黏合结构和整体油箱。运-12 可用于客货运输、空投空降、农林作业、地质勘探，还可改装成电子情报、海洋监测、空中游览和行政专机等。

1985 年，运-12 飞机取得了中国民用航空局颁发的第一个民用飞机型号合格证，1986 年又取得该局颁发的第一个生产许可证。1987 年，运-12 飞机开始申请英国民用航空总局（Civil Aviation Authority，CAA）适航证。CAA 对运-12 飞机进行了两年的审查和试飞试验，通过合格审查后，于 1990 年 6 月 20 日向运-12 颁发了 CAA 型号合格证。这是我国民用飞机第一次得到国际权威适航机构颁发的型号合格证，说明运-12 飞机达到了当时的国际标准。随后，运-12 又获得了 FAA 的适航证，成为中国唯一获得英、美适航许可的机种。

哈飞公司继而又研制运-12 Ⅲ型和运-12 Ⅳ型飞机，这两种型别的气动外形和基本型一样，但Ⅳ型换装国产涡桨-9发动机，采用尖削翼尖，四桨叶螺旋桨，以降低噪声；起落架换装大机轮。在其巅峰时期（2000年6月前），共有102架运-12飞机外销非洲、大洋洲、南美洲、亚洲的18个国家。

运-12飞机有多种改型，运-12F飞机已于2015年12月取得中国民用航空局颁发的型号合格证，2016年2月取得FAA颁发的型号合格证。

3. 运-7系列

运-7是20世纪60—70年代红安机械制造公司（航空工业西飞公司的前身）参照苏联安-24飞机研制生产的双涡桨中短程运输机。1966年11月该项目立项并确定名字为运输七型飞机，简称运-7。经过3年左右的时间，由300余人组成的团队完成了运-7的全部测绘设计任务。1970年12月25日，运-7飞机（货运机型）首飞成功，但因种种原因，运-7的研制工作于1982年7月才全部完成；1984年1月，实现首架交付；1986年4月29日，在安徽合肥机场，运-7飞机首次投入航线运营。之后，湖北、陕西、内蒙古等省（自治区）相继用运-7开辟客运航线。

为了缩短运-7与当时国际同类产品的技术差距，1984年12月，航空工业西飞公司启动对运-7的改进改型。1987年，改型后的运-7-100获得型号合格证，1988年获得生产许可证。至1988年底，全国共有45架运-7飞机分布在15个民航分局和地方航空公司，飞行在52个城市之间、70余条航线上，还开通了北京—平壤国际航线，成为当时中国支线飞机最大的机群。目前，老式运-7已陆续在民航系统退役。

4. 新舟系列

由于运-7飞机在可靠性、经济性、舒适性等方面与国际先进支线飞机相比均有一定差距，在民航运营的运-7飞机已逐渐退役，西飞公司决定大量采用国外成熟技术，开启运-7-200A 的研制工作。运-7-200A 飞机于 1993 年 12 月 26 日成功首飞，研制后期根据客户和市场需求对内部装饰、舒适性、外观等方面做了相应更改后，推向市场，命名为"新舟 60"（MA60）。1998 年 5 月，MA60 获得中国民用航空总局颁发的型号合格证。2000 年 8 月 12 日，首架 MA60 在四川航空投入航线运营。截至 2018 年底，MA60 飞机已交付 100 余架，在 18 个国家的 32 个用户中执飞 300 多条航线，运输旅客突破 1 200 万人次。

2005 年，为进一步提升新舟品牌竞争力，扩大新舟飞机市场规模，西飞公司研发了 MA600 飞机，已开始交付；2013 年，西飞公司又立项启动更先进、更快捷、更安静的 MA700 涡桨飞机的研发工作。目前，MA700 飞机项目研制已经进入工程发展和样机研制阶段。

5. ARJ21 新支线飞机

鉴于中国民机产业发展遭受的一系列挫折，2000 年 2 月，国务院要求总结民机发展的经验教训，指出最大的教训就是采用计划经济模式，用研制军机的办法研制民机，明确要从市场需求出发，按市场机制发展民机；支线航空发展迫在眉睫，要集中力量专攻支线飞机，决定发展具有自主知识产权的具备国际先进水平的新型涡扇支线飞机，以 ARJ21 作为代号，意为"面向 21 世纪的先进涡扇支线飞机"（advanced regional jet for the 21st century，即 ARJ21 新支线飞机，简称 ARJ21 飞机，其基本型为 ARJ21-700 飞机）。2002 年 6 月，国家发展计划委员会发文正式批复 ARJ21 项目立项，要求抓紧实施该项目。2002 年 9 月中航商用飞机有限公司（简称"中航商飞"）注册成立，负责 ARJ21 项目的研制。

中航工业第一集团整合国内资源，组建研发队伍，支持中航商飞转变观念，开展市场调研，确定市场定位，制订初步方案，启动关键技术攻关；明确由中航商飞以主制造商 / 供应商模式组织中航工业第一飞机设计研究院（上海飞机设计研究所、西安飞机设计研究所）、上海飞机制造厂、成都飞机工业（集团）有限责任公司、西安飞机工业（集团）有限责任公司、沈阳飞机工业（集团）有限公司、中国航空工业集团公司济南特种结构研究所、中国航空工业飞机强度研究所、中国飞行试验研究院共同研制，开展国际招标，选定了美国 GE（通用电气公司）等19 家国外企业作为发动机及机载系统供应商。

2008 年 5 月，中国商飞在上海成立，肩负起统筹干线飞机和支线飞机发展、实现我国民用飞机产业化的重任。2008 年 11 月 28 日，首架 ARJ21-700 飞机在上海飞机制造厂成功首飞。随后，中国商飞和中国民航适航审定团队共同完成了长达 6 年的试验试飞验证和适航认证，接受了 FAA 的影子审查。2014 年 12 月，ARJ21-700 飞机完成了取证前全部 300 项试验任务，全部 528 个验证试飞科目，累计试飞 2 942 架次、5 258 飞行小时。2014 年 12 月 30 日，中国民用航空局向中国商飞颁发了 ARJ21-700 飞机型号合格证；2015 年 11 月 29 日，首架飞机交付成都航空。2016 年 6 月 28 日，ARJ21 飞机正式开启了航线运营，标志着国内航线首次拥有自己的涡扇支线飞机，更标志着我国具备了涡扇支线飞机的研制能力和适航审定能力。截至 2018 年底，ARJ21 机队规模达到 10 架。

## ✈ 国内支线航空制造业的现状

1. 主制造商现状

1）中国商飞

ARJ21 飞机的主制造商中国商飞 2008 年 5 月 11 日在上海成立，是实施国家大型飞机重大专项中大型客机项目的主体，也是统筹干线飞机和支线飞机发展、实现我国商用飞机产业化的主要载体，由国务院国有资产监督管理委员会、上海国盛（集团）有限公司、中国航空工业集团公司、中国铝业集团有限公司、中国宝武钢铁集团有限公司和中国中化股份有限公司等出资组建。

中国商飞主要从事商用飞机及相关产品的科研、生产、试验试飞，以及商用飞机的销售、服务、租赁及运营等相关业务，其主要产品包括支线飞机 ARJ21-700 和单通道窄体飞机 C919，以及与俄罗斯正在共同研制开发的 CR929 宽体飞机。

2）西飞公司

新舟系列飞机的主制造商西飞公司［现名"航空工业西安飞机工业（集团）有限责任公司"］创建于 1958 年 5 月 8 日，隶属于中国航空工业集团有限公司，是我国大中型军民用飞机研制生产的重要基地。西飞公司陆续发展了运-7、运-8、轰-6、歼轰-7、MA60、MA600、运-20等型号的军民用飞机，并且是 C919、ARJ21、AG600 等国内民用飞机的大部件供应商。西飞公司是国内最早开展国际合作的航空制造企业之一，为波音公司、空客公司、庞巴迪公司等国际飞机制造商提供部件供应服务。2016 年底，中航飞机股份有限公司将民机业务进行专业化整合，组建民用飞机发展平台——中航西飞民用飞机有限责任公司（简称"西飞民机"），在此基础上开展新舟系列涡桨飞机的发展工作。

3）哈飞公司

运-12 系列飞机的主制造商哈飞公司创建于 1952 年，是我国"一五"时期 156 个重点建设项目之一，现有职工近 7 000 人，占地面积356 万平方米，设有国家级技术中心和博士后工作站，是我国直升机、通用飞机、先进复合材料构件的主要研发制造基地。公司聚焦航空主业，加快推进航空产品升级换代，形成了以直-9 系列、直-19 军用直升机、AC312 系列、AC352 民用直升机和运-12E、运-12F 固定翼飞机为代表的产品体系，构建起"军民融合、一机多型、系列发展"的产品格局，全方位满足客户需求。

2002 年 9 月 5 日，哈飞公司与巴航工业签订了框架合作协议，合资生产 ERJ145 飞机 30—50 座级涡扇支线飞机。2002 年 12 月，哈尔滨安博威飞机工业有限公司成立。截至 2011 年 4 月，哈尔滨安博威向中国各航空公司交付 41 架 ERJ145 飞机。2016 年 6 月，哈尔滨安博威飞机工业有限公司关停。

2. 主要型号产品

1）ARJ21 飞机

ARJ21 飞机（图 3-6）是我国首架按照国际适航要求、自主研制、具有自主知识产权的中短程新型涡扇支线飞机，具有良好的舒适性、环保性和适应性。ARJ21 飞机包括基本型、货运型和公务机型等系列型号。

图 3-6　ARJ21 飞机

ARJ21 飞机全经济级为 90 座，混合级为 78 座，客舱宽度为 3.14 米，高度达 2.03 米，为乘客提供更加舒适自如的乘机环境，达到与干线飞机同等的客舱舒适性，发动机为 GE 公司的 CF34-10A。在环保性方面，ARJ21 飞机具有更低的噪声和更先进的排放标准，能满足国际最新的环保要求。在适应性方面，ARJ21飞机采用先进的超临界机翼和一体化设计的翼梢小翼，气动效率高，动力充沛，具有良好的高原机场和航线适应性。ARJ21支线飞机三视图及主要性能参数如图3-7所示。

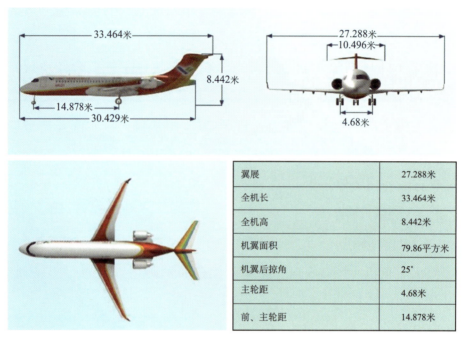

| 翼展 | 27.288米 |
|------|----------|
| 全机长 | 33.464米 |
| 全机高 | 8.442米 |
| 机翼面积 | 79.86平方米 |
| 机翼后掠角 | 25° |
| 主轮距 | 4.68米 |
| 前、主轮距 | 14.878米 |

图 3-7 ARJ21 支线飞机三视图及主要性能参数

目前，ARJ21飞机正在开发公务机和货机等衍生机型，进行系列化发展。ARJ21-700飞机超级经济舱构型是在标准构型基础上发展的68座新构型，以公务、商务旅客为主要客户群，采取每排4座、33英寸①排距设置，客舱舒适性大幅提升，能够满足我国西部高原航线的运行要求。

ARJ21公务机以大型企业、高端商务人士、知名人士为主要客户，强调舒适、高效，其典型布置为12—19座。可根据客户要求灵活布置VIP卧房、休息区、会议区、工作区、就餐区、随员舱等相对独立的功

---

① 1英寸 =2.54厘米。

能区间，充分满足客户的个性化需求。

2）新舟系列飞机

（1）MA60 飞机是西飞公司在运-7 中短程运输机的基础上研制、生产的 50—60 座级双发涡桨支线飞机（图 3-8、图 3-9）。目前，MA60 已经实现批量生产，并出口海外，遍及非洲、亚洲、南美洲、大洋洲等地区。

图 3-8 MA60 支线飞机

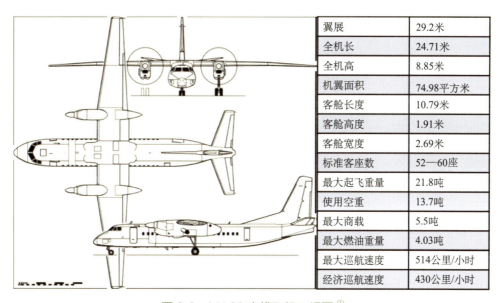

| 翼展 | 29.2米 |
| --- | --- |
| 全机长 | 24.71米 |
| 全机高 | 8.85米 |
| 机翼面积 | 74.98平方米 |
| 客舱长度 | 10.79米 |
| 客舱高度 | 1.91米 |
| 客舱宽度 | 2.69米 |
| 标准客座数 | 52—60座 |
| 最大起飞重量 | 21.8吨 |
| 使用空重 | 13.7吨 |
| 最大商载 | 5.5吨 |
| 最大燃油重量 | 4.03吨 |
| 最大巡航速度 | 514公里/小时 |
| 经济巡航速度 | 430公里/小时 |

图 3-9 MA60 支线飞机三视图[1]

---

[1] 三视图来源于《简氏年鉴》。

（2）MA700 飞机于 2013 年立项，是新舟飞机"家族"的新一代机型（图 3-10）。

图 3-10　MA700 支线飞机

MA700 飞机客座数 72—85 座，定位于承担 800 公里以内中等运量市场的区域航空运输业务，技术更先进、更快捷、更经济、更适用、更环保。MA700 飞机主要性能指标见表 3-2。

表 3-2　MA700 飞机主要性能指标

| | 客座数 | 72—85 座 |
| --- | --- | --- |
| 商载能力 | 商载 | 标准旅客商载：7 800 公斤（每人 100 公斤） |
| | | 最大商载：8 500 公斤 |
| 设计航程 | 标准商载航程：1 500 公里 | |
| | 最大商载航程：800 公里 | |
| 设计速度 | 最大巡航速度：不小于 630 公里 / 小时 | |
| | 经济巡航速度：550—600 公里 / 小时 | |
| 使用高度 | 最大使用高度：7 620 米（25 000 英尺①） | |

① 1 英尺 =0.3048 米。

（3）运-12F 飞机是哈飞公司自主研发的新一代多用途涡桨飞机（图 3-11）。运-12F 飞机在保留运-12 系列飞机优点的基础上，大幅提高飞机

的舒适性、平台性能、可靠性和维修性，为用户提供一种高安全、高可靠性、低成本的飞行条件。运-12F 飞机采用上单翼、单垂尾、低平尾常规布局，非增压座舱，可收放

图 3-11 运-12F 飞机

的前三点式起落架，采用双驾驶体制，驾驶舱采用玻璃座舱，客运最多可搭载 19 名乘客，货运最大商载 3 吨，货舱可装载 3 个 LD3 集装箱。通过进行相应改装还可满足 VIP、海洋监测、航空摄影等多种用途的需要。运-12F 飞机三视图如图 3-12 所示。

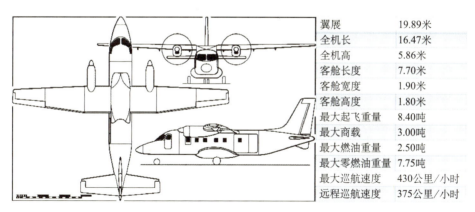

| | |
|---|---|
| 翼展 | 19.89米 |
| 全机长 | 16.47米 |
| 全机高 | 5.86米 |
| 客舱长度 | 7.70米 |
| 客舱宽度 | 1.90米 |
| 客舱高度 | 1.80米 |
| 最大起飞重量 | 8.40吨 |
| 最大商载 | 3.00吨 |
| 最大燃油重量 | 2.50吨 |
| 最大零燃油重量 | 7.75吨 |
| 最大巡航速度 | 430公里/小时 |
| 远程巡航速度 | 375公里/小时 |

图 3-12 运-12F 飞机三视图

3. 国内支线航空制造业态势

中国的支线航空制造业仍然处于初级阶段，运-7 系列飞机虽已有几十年的历史，但发展过程坎坷，始终未能得到充分的发展，ARJ21

系列飞机基本型已投入航线运营，正在批量生产。历史的机遇就在眼前，我国的支线航空制造业即将进入一个大发展的时期，已经具备以下条件。

一是市场需求旺盛。随着我国经济的快速发展，未来 20 年我国支线航空市场旅客周转量将会快速增长，增长率将超过民用航空市场整体增长率，这为我国支线航空发展提供了广阔空间。成都航空、天骄航空已形成 ARJ21-700 飞机机队，国内各大航空公司都在准备接收飞机。MA600 飞机早已批量交付，截至 2018 年底，ARJ21 飞机已获得 528 架意向订单，MA700 飞机也获得 285 架意向订单。

二是技术基础基本形成。经过以中国商飞为主的设计人员 10 余年的艰苦奋斗，ARJ21-700 飞机历经了设计、试制、试验、试飞、取证、生产、交付的民机研制全过程，经过 3 年航线运营，飞机各项性能指标不断得到优化，限制条款逐步得到验证放开，航班量、航班正常率、航班收益水平等指标持续提升。截至 2018 年底，ARJ21-700 机队已安全运营超过近 6 000 小时，运营旅客近 17 万人次，航空人让中国百姓坐上自己生产的涡扇飞机的夙愿已经实现。

更重要的是通过艰苦的探索和实践，我国初步走出了一条在市场机制下自主创新发展中国民机产业的道路，初步建立了我国民机产业体系和民机技术创新体系；掌握了一大批新技术、新材料、新工艺，积累了重大创新工程的项目管理经验；中国民用航空局具备了按国际标准开展民机适航审定的能力，中国商飞基本掌握了飞机研制的国际标准，提升适航验证的能力；锻炼培养一支年轻、勇于攻关、能打硬仗、具有国际视野的民机人才队伍。

支线飞机制造业是民机产业的一部分。民机的产业集群包括主制造商、机体供应商、发动机和机载设备供应商、材料供应商、生产设备和工装工具供应商、设计研发机构、软件供应商、试验验证机构等大量飞机研发和生产企业，也包括大量的维修、备件、运行支持服务企业及物流保障企业。中国支线飞机制造业已初步形成产业链，将逐步引导国外供应商在国内本土化发展，围绕着主制造商形成产业集群，扩大主制造商的产业拉动效应。同时，加快培育国内发动机、机载系统、关键材料和零件等多个环节的研发，填补我国民机领域的技术空白，推动民机技术研发向更高层级发展。要通过 ARJ21 飞机、新舟系列飞机的批量生产促进和拉动国内民机产业集群的发展，以应对千变万化的国际形势，应对剧烈的国际竞争。

我们还要清醒地认识到：一款全新的飞机在投入市场运营初期都会经历一段"阵痛期"，也称为"持续改进期"，飞机接受市场检验，暴露市场定位和工程发展，以及客户服务的不足并抓紧改进，甚至占到飞机全生命周期 10% 的时间，这是过去多年世界商业航空发展实践的总结，即使是波音公司与空客公司也不例外，更何况国产支线飞机这个民机市场的"新兵"。在新机运营初期，既会对主制造商的运营支持能力和技术实力进行严峻的考验，也会对航空公司的管理运营、应变能力进行检验，飞机制造业的成熟过程也是制造商和航空公司的成熟过程，中国的支线航空产业需要抓住机遇，不断锻炼、成长。中国支线航空制造业取得型号商业成功的关键"战役"才刚刚开始。

我们需要为国产支线航空制造业构建一个良好的市场氛围。目前，国内运营的支线飞机还处于"持续改进期"，仍没有形成规模，航空公司与国产支线飞机制造商的交融还需要一个过程。我国的支线航空市场仍有极大的发展空间，需要科学的规划，体系化地营造良好的国内支线航空市场氛围，航空公司和制造厂商共同努力，促使支线航空制造业进入快速发展期，使中国的支线飞机规模化运营，降低航空公司运营成本，为满足国家战略和实现民航高质量发展服务。

# 第4章

发展我国支线航空
产业的思考与建议

　　目前，我国的支线航空产业，无论是运输业，还是制造业，与西方发达国家相比还有很大差距，但这种差距恰恰是巨大的发展空间。尽管我国支线航空产业的发展面临多方面挑战，但近年来，国家有关主管部门、学术界及行业相关企业对这些挑战进行了深入而持续的探讨，就如何应对这些挑战已经达成很多初步的共识，采取了很多卓有成效的应对措施。随着中国民航高质量发展目标的提出，支线航空产业服务国家战略和满足人民美好生活需要的价值日益凸显，我国支线航空产业正迎来发展的黄金期。

# 01 我国支线航空产业前景广阔

经济的快速增长是我国支线航空产业发展的根本基础，航空运输业高质量发展对我国支线航空产业发展提出了更高的要求，制造业和运输业良性互动有望推动我国支线航空产业持续向好发展。

## ✈ 经济增长促进航空运输业持续向好发展

航空运输业与国民经济发展存在显著的正相关性。中国经济的飞速发展、国民收入的显著提高为我国航空运输业发展奠定了坚实的基础（图 4-1）。从长远看，我国产业结构在持续优化，质量在持续提升，新动能在持续积蓄，中国航空运输业将继续在经济持续向好的背景下蓬勃发展。

从世界和中国航空发展的历史来看，人均出行次数随着人均 GDP 的增长而不断增加是一个普遍规律。2017 年中国人均 GDP 约 8 836 美

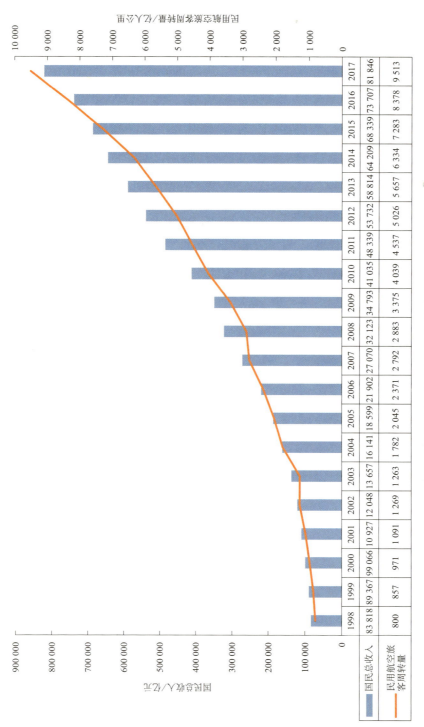

图 4-1 中国民航随着经济增长快速发展（1998—2017 年）①

| | 1998 | 1999 | 2000 | 2001 | 2002 | 2003 | 2004 | 2005 | 2006 | 2007 | 2008 | 2009 | 2010 | 2011 | 2012 | 2013 | 2014 | 2015 | 2016 | 2017 |
|---|---|---|---|---|---|---|---|---|---|---|---|---|---|---|---|---|---|---|---|---|
| 国民总收入 | 83 818 | 89 367 | 99 066 | 10 927 | 12 048 | 13 657 | 16 141 | 18 599 | 21 902 | 27 070 | 32 123 | 34 793 | 41 035 | 48 339 | 53 732 | 58 814 | 64 209 | 68 339 | 73 707 | 81 846 |
| 民用航空旅客周转量 | 800 | 857 | 971 | 1 091 | 1 269 | 1 263 | 1 782 | 2 045 | 2 371 | 2 792 | 2 883 | 3 375 | 4 039 | 4 537 | 5 026 | 5 657 | 6 334 | 7 283 | 8 378 | 9 513 |

① 资料来源于国家统计局网站数据。

元，是 10 年前的 2.75 倍，同年中国年人均乘机次数达到 0.4 次，是 10
年前的 2.85 倍（图 4-2）。虽然增长迅猛，但中国的人均乘机出行次数
仍然处于较低水平。2017 年的数值仍低于全球平均 0.55 人次的水平。
中国在 2008—2017 年的人均 GDP 和乘机次数如图 4-2 所示。

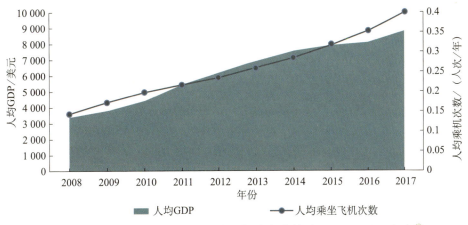

图 4-2　中国人均 GDP 与年人均乘机出行次数（2008—2017 年）[①]

　　将各国人均 GDP 以购买力平价[②]测算，结合人均航空出行次数进行
国际比较，我们发现，与中国人均 GDP 相当的泰国，其人均出行次数
接近 1 人次 / 年。与中国领土面积相当的美国，其人均出行次数达到了
1.85 人次 / 年，具体数据如图 4-3 所示。如果根据《新时代民航强国建
设行动纲要》战略规划，从 2021—2035 年，年人均航空出行次数超过
1 次，那么目前的航空运力翻一番都无法满足。中国的航空发展仍然有
相当大的潜力。

---

[①]　资料来源于《中国商飞公司市场预测年报（2018—2037）》。
[②]　购买力平价是根据各国不同的价格水平计算出来的货币之间的等值系数，目的是对各国的国
　　内生产总值进行合理比较。

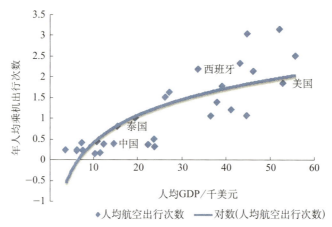

图 4-3　2017 年中国、泰国、西班牙、美国年人均乘机出行次数对比

## → 支线航空运输市场有望持续增长

美国支线航空的发展可以作为中国的合理参照，原因主要有以下几个方面。首先，两国国土面积相近，中国陆地面积约 960 万平方公里，美国陆地面积约 937 万平方公里。其次，两国是世界上经济体量第一和第二的两个大国，中国的经济体量为美国的 2/3。

按照购买力平价测算，美国 2017 年人均 GDP 达到 54 101 美元，而中国的人均 GDP 为 16 015 美元。同时，两国都是人口众多且分布不均衡的国家。截至 2017 年底，中国人口 14.2 亿，人口分布十分不均匀；美国人口 3.3 亿，美国东西海岸和五大湖区人口较为稠密，其余地区人口分布相对较均衡。中美三项数据宏观对比如图 4-4 所示。

中国与美国航空发展的历史阶段不同，中国支线航空的发展程度与成熟的美国支线航空有显著差距，也意味着我国在优化机场、机队、航线网络整体结构方面存在提升的巨大空间。

截至 2017 年底，中国拥有 3 151 架在役客机，其中干线客机有 3 067 架，支线客机数量仅为 84 架。支线客机占据飞机总数的 2.7%，主要为 MA60、ARJ21、ERJ145 和 CRJ900 四种机型，座级跨度为 50—
90 座。美国拥有 6 114 架在役客机，其中干线客机有 4 172 架，支线客
机有 1 942 架。支线客机占据飞机总数的31.8%，座级跨度为 30—85 座。
2017 年中美支线机型对比如图 4-5 所示。

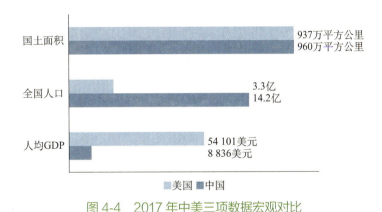

图 4-4　2017 年中美三项数据宏观对比

图 4-5　2017 年中美支线机型对比

2017 年，中国（不含港澳台地区）共有 46 家航空公司，其中仅有
4 家航空公司运营支线飞机，占航空公司总数的 8.7%。而美国有 124 家

航空公司，其中 49 家运营支线飞机，占据 40% 的份额。

2017 年，中国支线客机执飞航线数量 276 条，航班频率 11.4 万班，可用座公里为 43 亿座公里，平均航段距离 551 公里，平均座位数 82 座。美国支线客机执飞航线数量 2 067 条，航班频率 300 万班，可用座公里为 1 559 亿座公里，平均航段距离 734.2 公里，平均座位数为 66 座。可见，在航线方面，美国支线客机执飞的航线在数量、频率、可用座公里、平均航段距离都超过中国，只有平均座位数的统计方面，中国高于美国（图 4-6）。

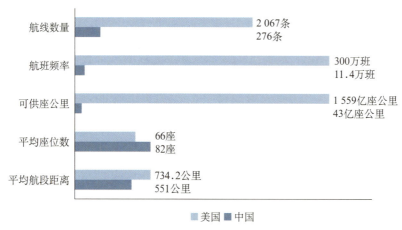

图 4-6　2017 年中美支线客机执飞航线的指标对比

截至 2017 年底，中国运营定期航班的机场有 228 个，其中 171 个是支线机场，且主要集中在东南部。美国运营定期航班的机场有 704 个，其中提供支线航班服务的有 619 个，分布较均匀。

综上所述，中国支线航空运输业在支线机队、运营支线飞机的航空公司、支线飞机执飞的航线和支线机场四个方面与美国还存在很大的差距。中国与美国的国土面积不相上下，但是支线机场数量不到美国支线机场的 1/3，支线飞机执飞航线数量、航班频率等指标更是与美国存在巨大差距。而中国的人口密度远高于美国，如果中国拥有和美国一样密集的航空网络，中国支线市场的需求将会远高于美国，潜力将被激发。

差距和不足同时也是继续发展的空间，当前，中国支线航空市场有望迎来重要机遇期。首先，中国部分区域独特的地理人文环境客观上需要支线航空。我国广袤的西部高原地区，人口相对稀疏，公路运输耗时很长，发展高铁造价不菲。随着经济的进一步发展，经济发达地区与欠发达地区的经济文化交流将更为密切，加之"一带一路""精准扶贫"等国家宏观政策带动的区域性经济高增长机会，供给侧改革和新型城镇化建设的深入开展，将使适合服务我国中西部民航运输市场的支线航空产业迎来历史性发展机遇。其次，针对大量三、四线城市航空通达性不好的情况，"十三五"期间，我国计划续建机场 30 个，新建机场 40 个。这些机场主要是西部和三、四线城市的支线机场，将为支线航空进一步发展提供基础。最后，中国的国民消费水平正在进行新一轮升级，中小城市的人均可支配收入逐年提高，旺盛的旅游需求及其他消费需求将持续刺激中小城市居民的出行需求。如同曾经的餐饮、家电、汽车消费一样，广大人民航空出行消费升级"正在路上"。

## ✈ 运输业和制造业有望互相促进

随着中国支线航空运输业的不断发展，我国对支线飞机的需求也将持续增长。据测算，未来 20 年，全球涡扇客机新机预计交付达到 42 702 架，价值 5.77 万亿美元。中国涡扇客机新机预计交付达到 9 008 架，价值 1.30 万亿美元。在支线飞机方面，全球涡扇支线飞机预计交付达到 4 816 架[①]，涡

---

① 数据来源于《中国商飞公司市场预测年报（2018—2037）》。

桨支线飞机预计交付达到 3 000 架[①]，总价值超过 2 000 亿美元[②]。

　　中国是全球为数不多的能够研发制造涡扇支线飞机的国家，也是全球为数不多的国内航空运输业市场规模巨大的国家。纵观美国、欧洲及其他地区或国家支线航空的发展历程，制造业和运输业表现出相辅相成的关系。在我国，同步发展支线航空制造业和支线航空运输业，有望实现两者相互促进、共同蓬勃发展的局面。一方面，规模巨大的市场能够涵养支撑国产支线飞机的迭代优化发展。我国支线航空运输业不断发展，对支线飞机产品不断提出新的要求，促使支线飞机不断改进和优化，提升产品的核心竞争力，进而促进支线制造业的整体发展。另一方面，我国自主研发的支线飞机能够更好地满足市场需求，本土化的客户服务能够降低支线航空运输成本。支线制造业不断升级，产品经过不断的优化和改型，可进一步满足支线航空运输业的需求，使支线航空运输业的市场规模不断扩大。

---

① 数据来源于《航空工业西飞公司市场预测年报（2018—2037）》。
② 数据计算依据：涡扇支线飞机平均目录价格 × 涡扇支线飞机新机交付数值 + 涡桨支线飞机平均目录价格 × 涡桨支线飞机新机交付数值 = 总价值。

◇02◇ **用支线飞机执飞支线航线**

我国支线航空运输量占比低、支线飞机数量占比低、支线飞机获得的补贴占比低，这些现象的背后是忽视了支线飞机更适合支线航线、支线飞机有利于完善航线网络结构等支线飞机的本质特点，导致干线飞机执飞支线航线的深层次问题。这一问题同样也限制了国产支线飞机在中国发展的市场前景。我国支线航空产业发展的破局点便是使用支线飞机执飞适合的支线航线。

### → 支线航线中的干支运营情况

目前，支线飞机在我国运输航空机队中占比小，全国 80% 的支线运输量由干线飞机完成，而且这一比例还在不断扩大。由干线飞机执飞支线航线，导致支线机场通航率不高，超过 40% 的支线机场每日直飞航班不足 5 班，超过 68% 的国内航线每日单向班次小于 2 班。干线飞机执飞支线航线会导致单班运力普遍过剩，约 76% 的航班单班乘客少于 120 人。

1. 我国大型机场支线航班比例极低

在美国和欧洲旅客吞吐量排名前 10 位的机场，支线航班比例均大大超过中国大型机场的支线航班比例。我国的航空公司将绝大多数运力集中在干线航线上，在造成干线航线同质化竞争加剧、运力相对过剩的同时，也导致中小机场利用率普遍不足。

2. 干线飞机执飞支线航线导致航班频率不足

在我国中低客流量的航线上，航空公司普遍采用干线飞机运营。数据显示，在 2013—2018 年，70% 以上的支线机场在开设第一条航线时，都是申请与北上广深等一线城市直接连接，干线飞机占据支线机场首条航线的 90% 以上。

使用干线飞机执飞支线航线必然降低航班频率，在通常情况下，干线飞机只能安排两天一班，而支线飞机可以至少每天一班。客流量整体不足限制了大型飞机在这些航线上的盈利能力，航空公司只能以降低航班频率或以中途经停的方式"弥补"中低流量航线上机型过大的问题。而低频率势必难以满足旅客出行的需求，旅客不能灵活选择出行时间，又进一步抑制了这些航线上的客流量增长，甚至引起客源流失。

在中国支线航空市场上，存在大量的客流小、增速慢的航线，目前这些航线大部分由干线飞机以较低频率（低于或等于两天一班）执飞。根据国际航空运输协会（International Air Transport Association，IATA）和 OAG 数据统计分析，2017 年，中国国内支线航线中约有 84% 的航线更适合用支线飞机执飞。

以西安市场为例，根据 2018 年 OAG 数据，支线飞机完成的座公里占比为 0.43%，干线飞机完成的座公里占比为 99.57%。但我们看到，在干线飞机执飞的航线中，有超过一半（54%）的航线的航班频率小于或等于 1 班 / 天（座公里占比 7.84%，图 4-7）。这部分航线应该由支线飞机运营，并增加航班频率，以提高航空运输相对于地面交通的竞争力。

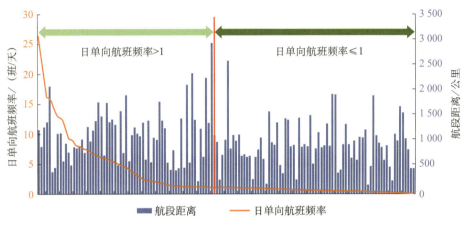

图 4-7　干线飞机执飞西安航线的距离与频率统计

## → 支线飞机提高支线网络通达性

通达性是指交通网络中各节点相互连接的强度，主要用从一个节点到另一个节点的成本和耗时进行衡量。一个地区的通达性反映了该地区与其他地区进行经济、技术、人文交流的机会与潜力，是衡量该区域经济社会发展水平与发展条件的重要指标。目前，我国中小城市到所有中心城市的平均通达时间大于 14 小时，远高于中心城市之间平均 5.5 小时的通达时间，这说明我国中小城市的航空通达性还有很大的提升空间。

根据中国民用航空局和 OAG 统计数据表明，如图 4-8 和图 4-9 所示，2017 年全国有 147 个支线机场日均离港航班数不足 15 班，占支线机场总数的 86%；有 126 个支线机场通航点不超过 15 个，占支线机场总数的 74%。这也反映了中国支线机场的通达性水平较低的状况。造成这些问题的根本原因，还是当前中国机队结构过于倚重干线飞机，大量的小客流支线航线由干线飞机以低频率执飞。

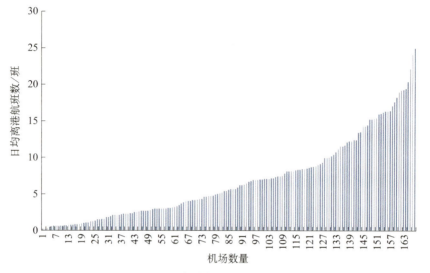

图 4-8　支线机场离港航班数

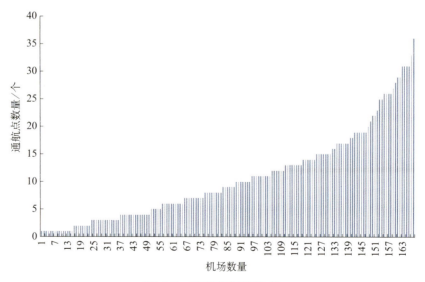

图 4-9　支线机场通航点

发展支线航空能够极大提升中小城市通达性。反之，支线航空发展滞后是建立整体高效、覆盖全国干支联运航空网络的主要瓶颈。当前，航班频率低是中小城市通达性不足的主要制约因素。随着中小城市经济社会的持续发展，即使当前供求比较协调的城市，如果航班频率不能进一步增加，未来也会出现干支联运航空网络不通畅的问题，制约当地经济发展。

构建干支结合的"枢纽-轮辐式"航线网络，是提高中小城市通达性的理想解决方案。例如，在贵阳、长沙、武汉等城市建立区域性枢纽，这些区域性枢纽一边连接着周边三、四线城市的支线机场，一边连接着北上广深等国内大型枢纽机场和国外机场，将极大地提升中小城市的通达性。

在已经建有机场的东部经济发达省份的市域或县域之间，甚至省域的省会与其他城市之间，航空运输服务总体偏少。省内航空运输具有典型的支线航空特征，可以满足东部中高收入居民对便捷出行的迫切需求，这种需求在节假日等地面运输拥堵时段更具价值。由于省内航线距离较短，航空服务以通勤和疏解交通拥堵为目的，旅客对频率的需求很高，因此更适合支线机型执飞。

## → 支线飞机在支线航线上更具经济优势

支线飞机适合支线航线，这是飞机座级及支线飞机针对短途起降在循环使用寿命等方面的独特设计共同决定的客观规律。

我们以 ARJ21-700 飞机测算，在合适的航线上其经济性明显优于空客 A320-200。如图 4-10 所示，在相同条件下，针对 500 海里的典型航段，支线飞机的运营成本比干线飞机低 32%，碳排放量低 20%。研究表

明，在平均旅客日客流量低于 125 人的小客流航线上，支线飞机比干线
飞机更具有经济优势（图 4-11）。

图 4-10　支线飞机与干线飞机航段成本对比

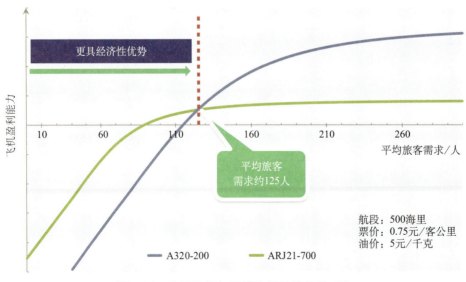

图 4-11　支线飞机与干线飞机航段收益对比

　　在支线航线上，支线飞机拥有更低的航段成本，不仅能带来更好的

航段收益，而且还能够大幅增加支线航班频率，显著提升支线机场的通达性。未来的支线航空发展应该通过投放座位数相对较小的机型来换取航班的频率提升，从而为乘客提供出行时间的更多选择，激活潜在的支线航空市场。

### ✈ 支线飞机有利于"基本航空服务计划"的推行

2017 年 2 月正式发布的《中国民用航空发展第十三个五年规划》中明确提出，"科学构建国内航线网络。……积极实施'基本航空服务计划'，提高航线网络通达性，特别是对老少边穷和地面交通不便地区的覆盖，使更多人民共享高效、便捷的现代航空运输服务。"在我国，支线航空加速发展所需要的市场功能的核心定位之一是为特殊地形（如云南、贵州等高原地区）或特殊区域（如新疆、内蒙古等地广人稀地区）的民众提供旨在改善或方便其出行的基本航空运输服务。从经济层面思考，支线航空运输是特殊地形区域最高效、低价、便捷的客货流通方式。使用适合这些特殊地形或特殊地区的支线飞机来保证一定的航班频率，以便满足当地民众出行需求。

### ✈ 支线飞机有利于缓解大型机场时刻等资源的紧张程度

现阶段，我国亟须构建起合理的次级区域支线网络，并通过支线网络的枢纽机场联通现有国内干线网络。现行的中小型机场直飞北上广深的干线网络模式极大加剧了枢纽机场起降时刻、飞行空域、地面保障等航空运输核心资源的紧张程度，即使采用"一市两场"的办法来解决，航路及空域这个瓶颈始终无法突破。这种模式是不可持续的，也是不利于我国民航长远发展的。随着我国中东部地区的干线航线网络的全覆盖和"四纵四横"高铁网络建成对航空市场的分流作用显现，我国可借鉴欧美等航空运输发达地区或国家的成功经验，鼓励并引导建立以二、三线省会城市机场为航空枢纽中心的支线航线网络。使大型机场的时刻专注于大型枢纽机场间的连接，提高时刻使用效率，二、三线省会城市机场兼顾区域网络中与支线机型相匹配的中低流量的旅客输送和与大型枢纽机场间的连接。需要有专注于支线航空业务的航空公司，通过探索差异化战略，提供经济区域内的"点对点"支线直航服务，减少中转次数，提高准点率，以此吸引支线航空的旅客。更重要的是，通过打造支线航空枢纽这个"变压器"让干线网络这个国家性的"高压电网"与支线网络这个区域性的"低压电网"有效切换，更好地发挥支线航空的旅客导流和疏散作用，并最终实现支线网络与干线网络的高效协同发展。

# ◇03◇ 我国支线航空产业发展面临的挑战

使用支线飞机执飞支线航线，在一定程度上是学术界和产业界的共识。然而尽管呼声很高，但实际产生的变化却不明显，这是因为在观念、政策、资源和操作层面还存在若干制约因素。

## → 观念方面：正确认识支线飞机与干线飞机

### 1. 航空旅客

在中国，航空旅客相对更偏好大型飞机，甚至与窄体飞机相比，会更偏好宽体飞机。北上广深等几条热门航线宽体飞机执飞的航班，预售情况都比窄体飞机要好一些。大众普遍认为，飞机越大，会飞得越稳，也就越安全。因此在选择乘坐机型的时候，也就下意识地忽略支线飞机执飞的航班。其实这是一个思维的误区，事实上，从适航规章来看，运营支线飞机和运营窄体飞机、宽体飞机所需要达到的安全标准是一致的，制造所需达到的标准也是一致的，并不存在谁比谁更安全的情况，大型飞机飞得更稳，并不意味着就比支线飞机更安全，所有主流飞机型号只要通过适航取证，都说明是安全的。因此，航空旅客的观念需要通过科普和宣传进行扭转。

2. 地方政府

部分地方政府对大型飞机也有偏好。首先，从硬件设施建设上，我国支线机场的等级总体偏高，大多数支线机场建设规模都在 4C 级以上，远远超过其实际需求。修建高标准机场的下一步便是引进大型飞机运营，而连接北上广深等城市也是使用大型飞机的主要诉求。然而在开航后的很多航线上采用干线飞机来运营，飞机上会有不少座位处于空置状态。为了避免座位空置，使用干线飞机的航班频率便会降低，导致旅客不能灵活选择出行时间，又进一步抑制了这些航线上的客流量增长，甚至引起客源流失。由此可见，在部分支线机场采用大型飞机执飞的航线上，航班频率和客流量之间的关系是不健康的，可以说是一个恶性循环，制约着当地航空运输业的发展。

从政府补贴角度来说，干线机型执飞 90% 以上的支线机场航线，干线飞机相对于支线飞机，需要更多的补贴，而支线航线的旅客量相对较低，其产生的效益难以弥补地方政府的补贴支出。多数地方政府难以支持巨额的补贴支出，而在补贴终止后，干线飞机也会因为成本原因而退出市场。因此，部分地方政府也需要降低对大型飞机的偏好，转变观念，更多地考虑适合当地情况的支线飞机。

3. 航空公司

改革开放以来，持续发展的中国经济带来商旅出行需求的快速增加，为航空公司的发展创造了极为有利的条件。然而大量的市场需求也意味着提升运力是首要目标，且仅满足部分市场就可以获得可观的增长和收益。支线航空收益能力普遍低于干线，聚焦规模较大的干线市场成为航空公司的普遍选择。航空公司都关注干线市场的争夺，大量引进干线飞机，从而忽视了支线市场的开发。在这几十年间，"重干线，轻支线"是中国航空运输业高速发展的基本情况。

随着中国航空运输业高速发展，国内航空公司持续引入干线飞机运力，导致干线航线出现运力过剩的问题。这些过剩的运力被"下放"到支线航线，通过"甩辫子""低频率"航班进行粗放式运营，对支线飞机的生存空间形成"挤压"。

以美国的发展情况作为参考，这一现象的改变需要随着中国民航强国的持续推进，通过进一步完善基础设施，释放干线时刻资源，释放跑道和空域，增强保障能力，那么可容纳起降的飞机就会增多，干线航空公司就会遵循其原本意图，增加干线市场的运力投入。此时，也就是干线飞机回归干线市场的时候，支线航线就会交还给更加合适的支线飞机来运行。

因此，航空公司对大型飞机的偏好既有历史原因，也有现实因素，但随着民航高质量发展的进一步深入，精细化经营管理的进一步加强，需要航空公司重新审视。

## → **政策方面：需更加精准的引导**

1.航线补贴政策引导

纵观国内外支线航空市场，补贴都在其中占据一定的位置。由于现行补贴政策按照客座率进行补贴，在同样的市场条件下，使用干线飞机所获补贴金额很可能比支线飞机更多，间接引导航空公司通过使用干线飞机以获取更多补贴。补贴政策的本意是为航空公司经营盈利性差、旅客量小、连接经济欠发达偏远地区的支线航线提供在市场中竞争的基础，从而实现大众化的航空运输服务，促进支线航空发展。但是这一补贴方案无法引导航空公司使用与支线航线需求相匹配的支线飞机进行航线运营，导致提高了整体社会成本，挤压了支线航空公司和支线飞机的生存空间，抑制了支线航空公司长期深耕支线航线的积极性。

2. 机场主要考核指标引导

从机场的角度来看，国内大多数机场都隶属当地政府，而地方政府对机场的业绩考核多以吞吐量为主要考核指标。在目前调控总量的情况下，每个机场拥有的时刻资源都是一定的，限制了总起降架数。为了达到更高的吞吐量目标，机场对大座级飞机的偏好也是显而易见的。

机场吞吐量既包括始发到达的旅客，也包括经停旅客。经停旅客其实并没有在机场当地进行社会活动，没有对当地经济活动做出贡献，所以仅通过机场吞吐量指标考核引导，并不能充分体现当地机场发展，尤其是对当地社会经济影响的状态，所以，航空通达性也应当作为一项重要指标，引导促进机场的高质量发展。

## ✈ **资源方面：存在瓶颈**

1. 时刻资源

中国支线航空公司运营中的难题之一是难以获得枢纽机场的时刻资源。航班时刻是飞机使用机场基础设施与服务的权利。航空公司的航线资源需要通过获得航班时刻实现，航班时刻的质量直接关系到客流量和最终收益。随着航班需求的日益增长，中国空域资源日趋紧张，地面保障能力严重不足，供需间的矛盾导致航班时刻资源的紧缺。可以说，航班时刻资源是航空公司的核心竞争力之一。

时刻资源，尤其是中国区域性枢纽机场的时刻资源稀缺，导致航空公司倾向于在运营中通过降低班次，将本应采用支线飞机执飞的航线换为由较大座级的干线飞机执飞的方式提高时刻利用效率。尽管三大航（国航、东方航空、南方航空）都提出过与其他支线航空公司合作，在枢纽机场形成干支结合的运营模式的设想，但受制于目前国内航线和航班时刻管理政策，航班时刻配置没有为支线航班留出足够的空间，因此干支结合的支线运营模式受到很大的限制，这也是国内大型机场支线航班比例远远低于美国和欧洲的主要原因之一。

2. 飞行员资源

飞行员短缺及由此导致的飞行员高薪酬是中国支线航空公司运营中的另一个难题。截至 2017 年底，中国民航飞行员有效执照总数约为 5.57 万本，相比之下，美国取得资质的飞行员为 60.9 万人[①]，是中国的十几倍。从飞行员结构来看，美国服务于商业航空运输的职业飞行员队伍依托的是更为庞大的业余飞行员群体，他们不仅是职业飞行员的潜在生力军，更为航空运输的飞行员培养提供了良好的学习成长环境，为航空运输提供了长期的飞行员资源保障。据统计，中国航线运输飞行员执照约 2.2 万本，占比 39.5%，美国航空公司运输驾照 16 万本，占比仅为 26.3%。其余类型驾照中，中国私人飞行员执照仅为 3 346 本，占比 6%；美国私人飞行员执照为 16.2 万本，占比高达 26.6%。

美国的飞行员数量庞大、供给充分，很大程度上得益于美国社会化的飞行员培训体系。相比之下，我国对民航飞行员的培养渠道较少，培训能力不足。

我国飞行员按培训渠道可分为三种，即民航院校整体课程培养的飞

---

① 数据来源于《中国民航驾驶员发展年度报告（2017 年版）》。

行员、部队转业的飞行员、输送来的通航飞行员。飞行员培训通常分为两个方面：一是包括类别、级别等级、仪表等级训练在内的初始培训（对应初始培训市场）；二是对已取得商业执照的飞行员开展的型别等级训练和定期复训（对应模拟机培训市场）。前者主要由飞行训练学校提供，后者则主要由训练中心负责。这样的飞行员培养体系对大众而言是比较封闭的，飞行员的培养成本也居高不下，飞行员队伍扩张缓慢。

在培训能力方面，近年来，国内飞行训练学校和机构虽然在数量与整体规模上都有所提升，但我国飞行员初始培训市场规模依然相对较小，培训能力依旧不足，难以满足民航业快速发展的需要，导致我国超过 50% 的飞行员是在境外机构培养的，获得飞行执照的成本也逐年增加。截至 2017 年 12 月 31 日，经中国民用航空局批准的按照《民用航空器驾驶员学校合格审定规则》（CCAR-141）提供飞行训练的机构，共有 49 家，其中我国境内 22 家、境外 27 家。

施行飞行员等级制度也是中国支线航空公司飞行员资源匮乏的原因之一。CCAR-6 第十七条规定，在商业飞行中担任各类航空器机长的驾驶员应当按照 CCAR-61FS 和本规定进行充分训练，并且至少取得商用驾驶员执照和相应的航空器等级与授权。如在小型飞机上担任机长的驾驶员，应当至少持有商用驾驶员执照和适合的航空器等级、仪表等级和授权，并且具备在目视飞行规则和仪表飞行规则飞行中相应的驾驶员飞行经历时间、转场飞行时间和夜间飞行时间。

相比之下，自 2009 年后，美国法律规定美国飞行员在积累了 1 500 小时的飞行经验后，就可以受雇于支线航空公司，驾驶涡桨飞机和涡扇支线飞机了。而要获得在干线航空公司工作的资格，飞行员至少需要 3 000 小时的飞行时间，其中要包括 155 小时的多发经验，1 000 小时的涡桨或涡扇飞机的机长经验。因此，干线航空公司不会直接雇用没有航线飞行经验的飞行员，所以受雇于支线航空公司，驾驶支线飞机成了绝大多数年轻飞行员的最佳起点，这一点使得支线航空公司每年都能招收到大量年轻的飞行员。虽然支线航空公司薪资待遇较低，但这是进入干线公司前飞行员的必经之路。美国三大干线航空公司都为与其合作的支线航空公司飞行员设立晋升渠道。

在中国，从航空公司角度来讲，同样数量的飞行员投入，执飞干线飞机能够带来更多的航班收益，营利能力更强。同样，盈利能力强的航空公司能够开出更高的工资吸引飞行员。运营支线飞机的支线航空公司要想引进飞行员，不得不提供与干线航空公司相当的薪资水平，造成支线航空公司的机组成本居高不下，提高了支线航空公司运营成本。

## ✈ 运营服务保障体系有待完善

### 1. 机场中转服务

目前，干支结合模式面临的问题之一是机场中转体系的建设。旅客通过支线航班以高频的方式被输送到邻近的枢纽机场，再以干线航班运抵全国，这是最理想的模式。但是，如果希望旅客接受中转，一个便捷、高效的中转流程体系是必不可少的，然而中转体系的建设是一项系统工程，不仅涉及机场和航空公司等运营单位，也涉及中国民用航空局和空管等管理机构；不仅涉及硬件系统，也涉及软件系统，缺一不可。

国内枢纽机场的现状要么是"一市多场"，要么是多候机楼。旅客在同一城市内中转过程中就有了更多的不确定因素，不同机场间的航班中转基本不现实，中转成本较高。

虽然大多数机场都设计有中转厅，但由于中转业务量小，一般所处位置不佳，离出发、到达区域都较远，接待一架大型飞机的中转旅客就显得很拥挤，不便于为旅客办理中转手续。而且，很多机场的中转旅客信息与进出港旅客不在同一个平台，旅客到达后无论中转国际航班，还是国内航班，其行李均不能直接转至下一航班，而必须先提取行李重新通过安检后再办理下一航班的行李托运手续。

另外，客票的连续性、中转机场是否可以行李直挂、航班延误是否有保障等都直接影响旅客选择中转航班的积极性。国内的干支航线结合多以跨航空公司中转的形式出现。在两个航空公司签署相应的合作协议的情况下，可以用"一票到底"的形式连续乘坐。但在更多非合作情况下的连续航班，基本上旅客只能自行执行中转，需要如前文所说提取行李重新通过安检再办理下一个航班的手续，如果前一个航班延误导致后一个航班无法乘坐，也没有任何相关保障。

国内高速发展的航空市场使干线航空公司暂时缺乏投入资源与支线航空公司进行合作的意愿，这就需要其他机构的参与，机场作为中转模式的重要组成部分，既有能力，也有意愿承担起这一责任。机场做中转需投入大量资金、人力和物力，但通过跨航空公司中转助力干支联动战略的实施，机场可从中得到明显的效益。

2. 运行支持保障

国内支线机队较少，在支线飞机配套的维修保障能力、航材备件保障、资源保障等方面受到一定的限制，相比主流的干线飞机，还有很多需要改善和探索创新的地方。

在维修保障能力方面，因为机队规模小，没有足够的业务，很多飞机、部附件制造商都没有在国内设立维修基地或取得授权的维修资质，需要送去其他国家的维修厂，从而增加了运输成本和时间成本。

在航材备件方面，需求量少，备件库少，与主流干线飞机的通用性小，航线备件的获取渠道少，难以建立航线共享渠道，特殊备件经常需要通过国际渠道订购，为航空公司的运行支持带来困难，同时也会增加运营成本。

在机场配套设施方面，国内机场包括支线机场的廊桥、系留设置、停机线等设施均是按主流干线机型设置，与干线飞机相比，降低了乘客体验的舒适度。

在票务系统方面，实施跨航空公司的旅客联程运输服务——通程航班，是目前实现干支结合的模式之一。现行票务系统在实际操作层面对此支持，这样既可以提高旅客出行体验，也可以提升跨航空公司的干支结合的合作效果。

# 04 发展我国支线航空产业的建议

通过前面的分析，我们厘清了有关支线航空的一系列概念，探讨了支线航空产业发展的重大意义，找出了中国支线航空产业与欧美等发达国家和地区存在的差距，并从观念、政策、资源、运营几个方面探讨了我国发展支线航空产业面临的挑战。针对发展的挑战"对症下药"，从支线飞机执飞支线航线这个破局点入手，提出发展我国支线航空产业的如下建议，建议的核心是加强顶层设计、开展分类管理、打通产业瓶颈、促进支线航空充分发展。

## ✈ 加强顶层设计规划

第一，高度重视支线航空，引导航空公司合理选择支线飞机。支线航空的发展有利于航空公司在支线这一细分市场更加精细化地运作，有利于提高中小城市的通达性，有利于我国民用航空的高质量发展，只有充分认识支线航空的必要性，航空公司和地方政府才会更积极地选择支线飞机。同时，还要做好支线飞机安全性的科普工作，引导大众合理选择支线飞机和干线飞机。

第二，明确支线航空的有关定义。支线机场，指年旅客吞吐量200万人次（含）以下的民用机场。支线航线，指飞机执飞一端为支线机场或任何中低旅客流量的中短程航线。支线飞机，指经中国民用航空局审定/认可，最高座位数为100座以下客舱布局的单通道飞机。支线航空运输业务，指采用支线飞机从事支线航线运营的航空客货运输业务。支线航空公司，指主营支线航空运输业务的航空公司。

第三，做好发展支线航空的顶层规划，实施分类管理。当前支线与干线航空在同样的定期航班概念下，按照相同方式进行管理，导致支线航空的特点无法发挥，关键的资源如机场时刻、飞行员和补贴都倾向干线机型。支线航空运输的发展需要国家计划和政策的引导、保护，建议设立专门的支线航空发展规划，明确支线航空与干线航空和通用航空的边界，划分专属它的发展空间，按照分类管理的思路，引导合理构建航线网络结构，针对制约我国支线航空发展的瓶颈问题，出台有效的措施，让支线航空走出适合自身的发展模式。

第四，加快"基本航空服务计划"的出台与落实。近年来，中国民用航空局积极推进"基本航空服务计划"，2011年首次提出该计划，近年来陆续提出了相关的指导性意见，并在青海省开展试点工作。2017年，"基本航空服务计划"被纳入民航发展的"十三五"规划，2018年，中国民用航空局印发《新时代民航强国建设行动纲要》，提出全面实施"基本航空服务计划"，实现经济欠发达地区航线网络基本通达，打造更加协调的"民生航空"服务体系。但是，中国目前还缺少一份关于"基本航空服务计划"的政策指导文件，应当加快出台并落实该计划。据悉，中国民用航空局正着力研究该方面的政策文件，有望于近年出台。

## ✈ 明晰支持政策和调整支持力度

第一，优化当前支线补贴政策。鼓励使用支线飞机执飞支线航线，干线飞机有序退出支线航线。建议修订现有支线补贴办法——《支线航空补贴管理暂行办法的通知》（民航发〔2013〕28号），具体包括将现有跨省600公里（含）以内航段的支线补贴范围限制进行拓展，取消补贴标准与客座率的挂钩，按照区分干支机型的分类补贴标准和上年度航段旅客运输量计算确定航段补贴额。

第二，在机场考核方面增加通达性指标。旅客吞吐量作为数量方面的考核指标，不能精确反映机场所在城市出行的便利性。在追求吞吐量的时候，大型飞机一次运输旅客较多的特点比较显而易见，而支线航空提高航班频率的特点比较隐性，因此航空公司和地方政府容易倾向于使用大型飞机。在机场考核方面增加通达性指标，既有利于通过增加航班频率间接而逐步地提高吞吐量，也能显著改善中小机场所在城市人民出行的便利性。

## ✈ 资源划分助力支线航空发展

第一，解决当前发展支线航空时刻资源缺乏的难题。建议在设立国家基本航空服务"时刻池"的基础上，延伸设立支线航空"时刻池"，用于枢纽机场与支线机场之间的航班飞行。未来5—10年，各级区域枢纽机场把一定比例时刻留给支线运营，甚至北上广等"国际门户"也应该考虑利用多机场的布局为支线运输留出空间，设立支线"时刻池"，完善干支结合网络，提升枢纽功能，为支线运输，特别是支线飞机产业化发展创造良好的市场环境。通过对枢纽机场时刻资源进行适当调控，以国家资源支持和培育支线市场，切实发挥区域枢纽机场作用，实现干支结合，促进国内支线飞机产业化发展，发挥支线航空优势，实现社会的创新、协调、绿色、开放、共享的发展理念。

第二，破解支线航空飞行员缺乏的长期性难题。建议国内构建满足与中国航空运输业快速发展相适应的飞行员需求的培训体系，引入相关力量建立与之相适应的培训机构，提高培训能力，完善飞行员的"造血"功能。同时，在飞行员执照管理过程中，参考国外干线航空公司准入的管理方法，把执飞支线飞机的飞行小时数、飞行起落数纳入飞行员培训过程中，这样把执飞支线飞机作为飞行员培训的一条必经之路，作为飞行员获取执飞干线飞机资格的过程之一，有利于解决支线航空飞行员资源短缺问题，也可降低支线航空的飞行员使用成本。

## ✈ 产业贯通形成支线航空发展的合力

第一，支线航空公司和制造商共同努力，解决资源共享问题。建议国内的支线航空公司加强合作，在航材支援、维修保障、飞行员培训等方面形成共享机制，通过合作形成规模效应，降低在国内运营支线飞机的成本。飞机制造商也应针对支线飞机的特点，探索创新，与部附件供应商一起建立完善的服务保障体系，形成相适应的维修保障、培训等能力，并在航材备件资源共享方面发挥制造商的优势，为航空公司运营支线飞机提供更为便利、经济的客户服务保障模式。

第二，在干线和支线航空公司之间，解决干支结合的问题。进一步鼓励航空公司构建干支结合的航线网络。根据《新时代民航强国建设行动纲要》，支持建设低成本航空公司、支线航空公司、货运航空公司，实现市场更加平衡、充分的发展。特别是作为航空运输主力的大型干线航空公司，可以以自营或运力购买等方式，在枢纽机场，特别是自己的基地机场构建干支结合的航线网络。发挥大型航空企业的经验管理优势和社会责任的主体作用，带动支线航空公司等中小航空企业，实现大中小航空公司高效协同、良性竞争的互动发展新格局。

第三，在机场方面，解决支线旅客中转的衔接问题。建议在枢纽机场推进行李机场中转业务时，重点支持中小支线航空公司提升行李中转服务的能力。通过完善支线飞机的运营保障设施设备、提升支线航线中转服务，充分发挥支线飞机登机便利、转乘便捷的优势。同时，在机场建设标准中，鼓励和要求机场投资单位增加支线机场的支线飞机运营保障设施设备，如修建机位时，要考虑支线机位、登机梯占比、廊桥等需求，提升乘坐支线飞机的乘客体验。

第四，在票务系统方面，为通程航班提供便捷服务。建议中国民航信息集团等机构在票务系统中考虑通程航班票务模式，实现旅客"购买一张机票，乘坐两趟航班"，在航空公司票务结算、旅客客票退改签、订票信息更改、机场信息引导等方面支持通程航班的实施，使支线航空的便捷性真正体现在旅客的体验上。

第五，制造商与航空公司联动，持续优化产品。建议国产支线飞机制造商发挥在国内服务距离近的优势，用快速、优质的客户服务保障支持中国支线航空运输业的发展。同时要主动对接航空公司，针对运营中发现的问题快速优化产品，积极实施系列化发展，不断迭代出适合中国市场的国产支线飞机。

　　"人民航空为人民"，中国航空市场从高速发展跨越到高质量发展，这是进入新的发展时期的必然要求，是落在我们这一代航空人身上的光荣使命。中国民航的高质量发展，需要构建健康完善的航线网络结构，需要补齐支线航空这个短板。支线航空的充分发展，需要国家政策的持续引导，需要各方力量的支持呵护，更需要运营人的专注深耕和创新合作。支线航空的充分发展，必将为中西部等经济欠发达地区的人民提供更为便利的出行方式，为其经济发展注入新活力，进一步激活更加强大的航空运输需求。强大的国内航空运输需求，可以涵养和支撑中国航空制造业的发展和壮大，并带动整个产业链的发展升级，为"航空强国梦"的实现创造条件。

　　中国支线航空产业的发展将是机遇与挑战并存，未来可期。

# 附录 I   中国支线航空市场展望

中国经济的持续稳定增长为国内支线航空提供了广阔的发展空间。宏观经济向好的局面进一步促进国内区域间市场经济的交流活动，并为居民消费结构升级奠定基础。城镇化发展将成为推动中国未来经济继续稳步发展的重要因素之一，到 2018 年底，中国常住人口城镇化率为 59.58%，同期提高 1.06%，比 4 年前提高近 5%，但仍然离发达国家 80% 的水平有较大差距（图附 I-1）。中国城镇化的快速发展也为航空运输业提供了巨大的发展空间。其一是城镇化发展能够促进经济增长，从而可以从根本上带动航空运输业的发展；其二是城镇化带来的基础设施建设及人口流动等因素能够带动对航空运输业的需求增长；其三是现有城市规模的扩大与新城市群的产生，对航空运输业，尤其是支线航空的发展提出了更高要求，也为支线航空的发展提供新的机遇。

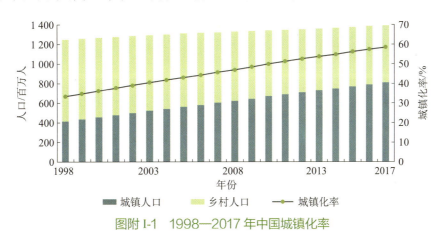

图附 I-1   1998—2017 年中国城镇化率

在民航高质量发展目标的政策引导下，中国市场区域发展不平衡的问题有望得到实质性的改变。东部与中西部之间中长途路线潜在的巨大航空出行需求将得到进一步挖掘和释放。同时，国内经济欠发达地区的居民和企业航空出行的需求也将快速增长，在基本航空服务等相关政策的支持下，民航服务将惠及这些地区。支线航空将迎来强劲需求驱动和政策助力的发展契机。根据中国商飞预测，2018—2037年，中国支线航空市场旅客周转量年均增长率将达到17%，远高于全国整体航空市场平均6%的年均增长率。2018—2037年，每5年的旅客周转量年均增长率见图附I-2。

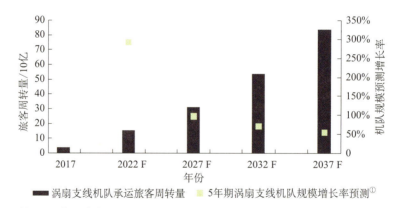

图附 I-2　中国支线市场旅客周转量年均增长率预测（2018—2037年）

由于中国人口和资源分布的特殊性，预计国内航空运输市场将呈现出"枢纽-轮辐式"和"点对点"航线网络互相渗透的新型干支结合运营形式，"支支通"将成为三、四线城市的航空服务主要发展方向。涡扇支线客机能够适应多种商业模式，满足支线市场的增长需求。

中国（不含港澳台地区）市场支线客机的储备订单主要集中在涡扇支线90座级的客机和涡桨支线50座级的客机。截至2018年底，储备

---

① F 为 Forecast 简写；意为"预测值"。

订单包括 ARJ21（218 架）、CRJ900（5 架）、MA60 和 MA600（29 架）。从世界范围来看，2018—2037 的 20 年间预计全球约 66% 的在役涡扇支线客机将陆续退役，涡扇支线客机的预计交付量为 4 816 架，其中 77%（约 3 686 架）为 90 座级。涡扇支线客机的储备订单集中在 90 座级，该座级订单包含 ARJ21、CRJ900、MRJ90 等机型，详见表附 I-1。大型涡扇支线客机和小型单通道客机之间的界限正在变得模糊，110 座级的小型单通道客机与大型涡扇支线客机在许多市场上有较强的竞争关系。

表附 I-1　2018 年底全球涡扇支线客机储备订单和在役机队规模

| 机型 | 储备订单／架 | 在役机队／架 |
| --- | --- | --- |
| ARJ21 | 218 | 10 |
| CRJ700 | 1 | 275 |
| CRJ900 | 5 | 425 |
| E175 | 204 | 563 |
| MRJ90 | 213 | 0 |
| SSJ100 | 47 | 107 |

根据中国商飞预测，未来 20 年中国支线客机机队的年均增长率为 12.9%，数量将达到 1 185 架，可供座位数年均增长率约为 17.3%。2018—2037 年，中国各座级支线客机交付量预测如图附 I-3 所示。

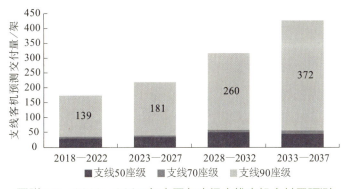

图附 I-3　2018—2037 年中国各座级支线客机交付量预测

新交付的涡扇支线客机平均座位数呈上升趋势。到 2037 年，全球约 96% 的涡扇支线客机机队将由 70 座级及以上的客机组成，平均座位数为 84 座；而中国涡扇支线客机的平均座位数将高于全球平均水平，增至 92 座（表附 I-2）。

表附 I-2　2018—2037 年全球／中国各座级涡扇支线客机交付量预测对比

| 座级 | 50 座级 | | 70 座级 | | 90 座级 | |
|---|---|---|---|---|---|---|
| | 全球 | 中国 | 全球 | 中国 | 全球 | 中国 |
| 2018—2022 | 5 | 0 | 127 | 0 | 398 | 137 |
| 2023—2027 | 19 | 0 | 226 | 0 | 618 | 179 |
| 2028—2032 | 30 | 0 | 344 | 0 | 1 029 | 258 |
| 2033—2037 | 30 | 0 | 349 | 0 | 1 641 | 368 |
| 合计交付量／架 | 84 | 0 | 1 046 | 0 | 3 686 | 942 |
| 交付价值／亿美元 | 20 | 0 | 461 | 0 | 1 781 | 455 |

目前涡扇支线客机占全球客机机队的比例为 12%，预计到 2037 年这一比例基本保持不变。中国市场的涡扇支线客机机队规模预计在 2037 年达到 966 架，年均增长率为 16.3%，20 年新增交付量总和为 942 架。中国的涡扇支线客机市场将快速增长，占未来全球交付量的 20%，这一判断主要是基于中国支线航空市场发展的潜力，以及政府出台的关于推动支线客机运输市场的一系列政策支持。2017 年和 2037 年中国支线客机机队规模如图附 I-4 所示。

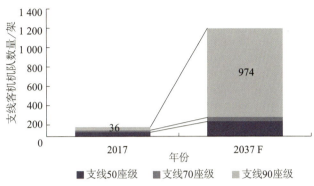

图附 I-4 2017 年和 2037 年中国支线客机机队规模

从世界范围看,支线客机的主要市场——北美地区将是涡扇支线客机需求量最大的市场,2018—2037 年的交付量预计占该类别客机全球总交付量的 30%。亚太地区也有极大的支线客机需求,2018—2037 年的交付量将占 15%,居全球第三位。其他地区中,拉美地区由于 100 座左右的大型支线客机需求旺盛,所占比例也将达到 12%。到 2037 年,亚太地区和中国的机队占比将从约 8% 大幅上升至 29%,成为除北美外第二大涡扇支线客机市场(表附 I-3)。

表附 I-3 2017 年和 2037 年全球各地区涡扇支线客机机队规模

| | 2017 年机队 / 架 | 2037 年机队 / 架 |
|---|---|---|
| 中国 * | 47 | 966 |
| 亚太地区 ** | 165 | 715 |
| 北美地区 | 1 742 | 1 878 |
| 欧洲 *** | 327 | 593 |
| 拉美地区 | 95 | 615 |
| 中东地区 | 66 | 208 |
| 俄罗斯和其他独联体国家 | 208 | 329 |
| 非洲 | 142 | 430 |
| 总计 | 2 792 | 5 734 |

* 中国包含香港、澳门和台湾

** 亚太地区不含中国

*** 欧洲不含独联体国家

# 附录II 全球支线航空热点扫描

## ◇01 国外支线航空动态

### ✈ 行业动态

#### —2017 年—

2 月 7 日，加拿大政府宣布将在未来 4 年向庞巴迪公司提供 3.725 亿加元（约 2.824 亿美元）的有偿支持。

2 月 8 日，巴航工业支持巴西政府在世贸组织向加拿大提出磋商请求。

3 月 14 日，巴航工业进军硅谷，加强与新兴公司、投资人、学术机构及知名企业的合作。

4 月，波音公司向美国商务部和美国国际贸易委员会（International Trade Commission，ITC）提出申诉，指责庞巴迪公司低价倾销 C 系列飞机。

4 月，波音公司与捷蓝航空公司一起投资 Zunum Aero——一家致力于开发油电混合动力飞机的初创公司,有意重振短途支线/通勤"点对点"业务模式。

4月25日,巴航工业与优步(Uber)建立"飞行车"系统创新伙伴关系。

5月11日,庞巴迪公司宣布Pierre Beaudoin将在6月30日辞去董事会执行董事长职务,成为非执行董事长。

6月7—8日,巴航工业召开2017商用飞机中国用户年会。

7月,加拿大政府将为伊朗Qeshm自由区组织(free trade zone,FTZ)订购的10架庞巴迪飞机提供1亿美元的融资。

7月,俄罗斯加大对民用航空业的财政支持,2017年计划拨款600亿卢布(约10亿美元)。

8月,俄罗斯表示,将在2020年前逐步取消西方航空设备进口的免税优惠。

8月,俄罗斯规定航空公司必须拥有国产飞机才能获得营业执照。

9月,俄罗斯联合飞机制造公司(UAC)考虑启动重大结构调整,伊尔库特公司和苏霍伊民机公司将进行合并,负责民机制造业务,SSJ100可能成为MC-21系列中的一部分。

9月4日,美国联合技术公司(United Technologies Corporation,UTC)和美国罗克韦尔·柯林斯公司(Rockwell Collins)达成最终协议,前者将以140美元/股的价格,用现金和股票两种方式收购后者,总交易额达300亿美元。

10月16日,空客公司与庞巴迪公司签署协议,收购庞巴迪公司C系列项目50.01%的股权。

10月17日,中美《适航实施程序》正式生效。

11月，土耳其航空工业公司（Turkish Aerospace Industries，TAI）公布计划，将在5年内启动支线飞机研制计划。该飞机为100座以上，全复合材料制造。

11月，瑞士支线航空公司达尔文航空（Darwin Airlines）破产。

12月22日，波音公司与巴航工业洽谈联合事宜。

—2018年—

1月10日，加拿大向WTO提起诉讼，称美国征收的反补贴和反倾销税超过"WTO规定的比例"，且控制所谓的"二手或纳入被调查产品的进口商品"。

2月，俄罗斯联邦航空运输局（Rosaviatsia）与欧洲航空安全局（European Aviation Safety Agency，EASA）签署了一项适航条例协议，一定程度上推动了俄制飞机出口海外市场。

3月，庞巴迪公司计划发行价值6.38亿加元（约4.91亿美元）的股权，收益将用于公司经营，推动公司正在进行的五年重整计划。

4月，印度政府透露可能至少每3年修改一次区域连接计划。

4月，印度尼西亚表示，其新型国产涡桨飞机R80正处于设计阶段，今年或明年将启动原型机制造，计划2022年首飞。

5月，澳大利亚政府称将会在未来4年内投入5 100万美元，以提高64个支线机场的安全性。

5月，俄罗斯工贸部表示，正在与财政部就政府免除民用飞机、直升机和发动机制造商的增值税商讨相关方案。

5月，俄罗斯与沙特阿拉伯签署合作备忘录，未来将推动俄罗斯民用飞机在中东及非洲北部和中部地区的发展。

7月2日，ATR公司发布《2018—2037年市场预测》，预计未来20

年全球涡桨飞机的需求量将超过 3 000 架，主要来自新兴经济体运营商。其中，近 80% 的需求为 60—80 座涡桨飞机。未来 20 年对涡桨飞机需求最大的是亚太地区（中国以外），达 740 架；中国对涡桨飞机的需求为 300 架。

7 月 5 日，波音公司与巴航工业签署一份备忘录，组建一家包括巴航工业民用飞机和服务部门的民用航空合资公司。根据这份初步协议，波音公司将拥有合资公司 80% 的股份，巴航工业将拥有剩余 20% 的股份。

7 月，苏霍伊民机公司正试图大量投资欧洲客户支持设施，包括培训设施、备件供应和 MRO（maintenance，repair& operations，维护、维修和运行）设施等，以向海外航空公司销售更多 SSJ 系列飞机。

7 月，三菱飞机公司表示，正努力在未来两年内建立一个可用的客户支持网络，并与启动运营商全日空（ANA）共同推进 MRJ90 在 2020 年投入运营。

7 月，爱尔兰 CityJet 航空公司与西班牙诺斯特姆航空（Air Nostrum）公司在英国范堡罗航展上宣布双方已达成合并交易，双方表示该交易将打造欧洲最大的支线航空公司。

7 月，ATR 公司正式交付第 1 000 架 ATR72 飞机，该架飞机交付给印度 IndiGo 航空公司。

7 月，美国地平线航空公司（Horizon Air）迫于飞行员短缺而取消航班。受限于美国"1 500 小时"规定（新雇用的飞行员必须持有至少 1 500 小时飞行时间的证书），美国目前缺乏飞行员，尤其是支线航空公司。

7 月，安东诺夫公司升级支线飞机，波音公司提供支持。安东诺夫公司与波音子公司 Aviall 航空服务公司签订了一份通用条款协议。根据协议，Aviall 公司将为安东诺夫公司的安-1X8 Next 项目提供零部件供应、采购与交付等方面的支持，进而保障新飞机的生产。安东诺夫公司已着手引进西方生产的飞机部件替换安-148、安-158 、安-178 飞机原有关键部件，如控制系统等。

8 月 5 日，ATR 公司为了赶上美国对伊朗制裁前的最后机会，向伊朗航空交付 5 架 ATR72。

8 月 6 日，美国开始制裁伊朗，包括波音公司、空客公司、ATR 公司等在内的飞机制造商将无法向伊朗销售飞机。

8 月，墨西哥 Interjet 航空公司获得 7.33 亿比索（约 3 960 万美元），作为其 SSJ100 机队维护成本补偿。过去一年左右，Interjet 航空公司至少有 4 架 SSJ100 飞机被迫停飞。

8 月 10 日，一名美国地平线航空公司的地勤人员在西雅图-塔科马国际机场偷盗一架 Dash8-Q400 型支线飞机并在西雅图周边飞行，随后此飞机在钱伯斯湾高尔夫球场附近坠毁。该事件引发广泛关注与讨论，行业呼吁更严格的停机坪安全和飞行员心理健康检查。

10 月，俄罗斯国家交通运输租赁公司获得联邦政府 98 亿卢布（约 1.48 亿美元）的补贴，该资金将用于购买 8 架 SSJ100，新机交付时间为 2018—2019 年。

10 月 19 日，庞巴迪公司向美国西雅图一家联邦法院提起诉讼，指控三菱飞机公司、航空航天测试工程与认证公司（AeroTEC）及庞巴迪公司几名前雇员窃取商业机密，盗窃发生在 2016 年和 2017 年。

10 月 24 日，俄罗斯总统普京签署总统令，将 92.31% 的 UAC 股份转让给俄罗斯技术集团公司（Rostec），并规定 UAC 并入 Rostec 在 18

个月内完成。

10 月，三菱重工向三菱飞机公司提供 2 200 亿日元（约 19.4 亿美元）的财务支援，以帮助其走出财务困境，继续推进 MRJ 飞机的研发。

11 月 7 日，ATR 公司首次发布中国涡桨飞机预测。ATR 预计，到 2037 年，中国市场将新增 1 100 架涡桨飞机，总价值达 256 亿美元。其中，30 座及以下的涡桨飞机新增 800 架，新开航线 1 500 条；涡桨支线飞机新增 300 架（包括 70 架 50 座、230 架 70 座），新开航线 700 条。

11 月 8 日，庞巴迪公司表示将在全球范围内削减 5 000 个职位。

11 月 8 日，庞巴迪公司宣布其将以 6.45 亿美元的价格将其商务飞机培训业务出售给加拿大航空培训公司 CAE。庞巴迪公司还表示，将以 3 亿美元的价格出售其 Dash8 涡桨飞机项目和"de Havilland"商标给 Longview Aviation Capital 公司，其中包括 Dash8-Q400 和 Dash8 其他型号（Q100、Q200 和 Q300）的所有资产和知识产权。该交易预计将在 2019 年下半年全部完成。庞巴迪公司表示，公司将把重心从商用航空业务转到轨道交通、公务机和航空结构件领域。

11 月 8—12 日，ATR 公司旗下的 ATR42-600 型飞机完成云南—丽江—香格里拉—西双版纳—昆明的飞机展示活动。这也是该机型在全球范围内首次成功开展高原、高高原飞行性能验证飞行。

11 月，三菱飞机致力于改进 MRJ70，提升 76 座 MRJ70 的使用效率。

11 月，英国支线航空公司 Flybe 计划出售公司业务，并与一些运营商就此进行谈判，以解决公司面临的利润大幅下降、运力下降、营收下降等挑战。

11 月，俄罗斯伊尔库特公司接收苏霍伊民机公司的全部股份，并取得对苏霍伊民机公司的完全控制权。

12 月，庞巴迪公司预计，其商用飞机部门将在 2020 年实现盈利。在 2019 年完成 Dash8-Q400 项目出售后，庞巴迪公司的商用飞机项目仅有 CRJ 系列。

12 月，巴航工业与波音公司就航空战略伙伴关系条款达成一致。根据双方同意的条款，双方将成立合资公司，主要负责巴航工业商用飞机及服务运营等业务。波音公司将出资 42 亿美元，持有合资公司 80% 的股份，巴航工业持有 20% 的股份。

12 月，苏霍伊民机公司 2018 年共交付 26 架 SSJ100，其中包括 22 架新机和 4 架重新交付的飞机。2018 年原定交付目标为 30 架，但因建立 SaM-146 备用发动机库，用于装备新机的发动机数量不足，因而未能实现 2018 年交付目标。2019 年苏霍伊民机公司计划交付 28 架飞机。

12 月，负责 MRJ 飞行试验的美国 AeroTEC 公司在美国联邦法院驳斥庞巴迪公司的指控，否认工作人员窃取 C 系列（现空客 A220）取证有关的机密文件。

## ✈ 型号动态

### —2017 年—

1 月 19 日，空联航空公司成为南非地区首家巴航工业 E-Jet 系列飞机运营商。

1 月 23 日，三菱重工正式确认 MRJ 首架交付时间将延期至 2020 年中期，这是该项目自 2008 年推出以来的第 5 次延期。

2 月 14 日，挪威维德勒（Wideroe）航空公司宣布将成为 E190-E2 首家运营商。

3 月 3 日，美国《航空周刊》杂志授予庞巴迪公司的 C 系列飞机

2017 年度民用航空桂冠奖。

3 月 7 日，首架 E195-E2 下线。

3 月 20 日，第四架 E190-E2 原型机首飞，认证工作稳步推进。

3 月 29 日，E195-E2 在巴航工业位于巴西圣若泽杜斯坎普斯的工厂提前首飞。E195-E2 原定于 2017 年下半年首飞。

4 月 5 日，巴航工业选择松下公司为 E-Jet 系列飞机提供机载娱乐系统解决方案。

4 月 11 日，巴航工业与客户庆祝 ERJ145 投入运营 20 周年。

4 月，伊朗表示有意购买 12 架 SSJ100 飞机。

5 月，俄罗斯更高推力 SSJ100-B100 获得 EASA 认证。

5 月 26 日，庞巴迪公司在米拉贝尔公司向瑞士航空交付首架 CS300。

6 月，三菱飞机公司选择拉泰科雷（Latecoere）集团帮助 MRJ 项目解决布线问题。

6 月，苏霍伊民机公司完成 SSJ100 机翼结构静力试验并准备为其安装翼梢小翼。

6 月 12 日，三菱飞机公司表示，将聘请 600 名外国专家参与 MRJ 研发。

6 月，MRJ 冻结电子设备舱设计更改。

6 月 20 日，庞巴迪公司与菲舍尔未来先进复合材料股份公司（Fischer Advanced Composite Components，FACC）续签 C 系列翼身整流罩合同。

6 月，巴航工业授权 SLAEP 为 E-Jet 系列飞机服务中心，为亚太地区的 E-Jet 系列飞机运营商提供维修服务和支援。

7 月，因 MRJ 研制延期导致费用膨胀，三菱飞机公司资不抵债。

7 月，美联航融资 2.52 亿美元购买 12 架 E175 飞机。

7 月，苏霍伊民机公司 SSJ100-B100 飞机提升短跑道起飞性能。

7 月，法国 OEMServices 公司拟为 SSJ100 飞机提供部件维修服务。

7 月，俄罗斯将向赞比亚交付 SSJ100 飞机。

7 月，俄罗斯国防部将用 SSJ100 取代图-134 和安-148。

7 月 25 日，EASA 要求对 SSJ100 开展紧急检查。

8 月，俄罗斯 MRO 提供商工程控股公司建立 SSJ100 维修站点。

8 月，瑞士航空表示 CS100 油耗表现优于预期。

8 月 16 日，印度尼西亚国产 N219 涡桨飞机完成首飞。

8 月 24 日，三菱飞机公司表示，一架 MRJ 试飞机因发动机故障停飞。

9 月，巴航工业表示会在 2019 年正式推出 E195-E2 之后，考虑在中国重新建设商用飞机生产线。

9 月，巴航工业表示，虽然受到美国限制条款的影响，E175-E2 飞机仍将按原计划于 2021 年投入运营。

9 月底，WTO 应巴西请求调查庞巴迪公司补贴问题。

10 月 5 日，Zunum Aero 公司正式启动 6—12 座的混合动力支线飞机项目。

10 月 5 日，美国商务部宣布将上调庞巴迪公司的 C 系列关税至 300%。

10 月，Sibir Technic 成为俄罗斯首家为 E170 飞机基地维护的 MRO 企业。

11 月，俄罗斯与沙特阿拉伯洽谈引进 SSJ100 和 MC-21 飞机事宜。

11 月，俄罗斯工贸部考虑，如果 MC-21 和 SSJ100 获得更多订单，飞机的部分生产可能会转移至国外。

12 月 5 日，庞巴迪公司表示可能升级 CRJ 系列。

12 月，三菱飞机公司表示，MRJ 试飞项目进展过半，已累计完成超过 1 500 小时的飞行试验。

12 月 6 日，巴航工业交付第 1 400 架 E-Jet 系列飞机。

12 月，三菱飞机公司证实，将增加两架 MRJ 试飞机参与试飞。

12 月 20 日，美国商务部宣布对达美航空订购的庞巴迪公司的 CS100 飞机征收 292.21% 的关税，比之前公布的数据降低约 8%。

12 月 22 日，大韩航空公司接收了其订购的首架 CS300 飞机，成为第一家引进 C 系列的亚洲航空公司。

## —2018 年—

1 月，巴航工业与维德勒航空公司就其即将接收的 E190-E2 机队签署了一项飞行小时服务协议。

1 月，庞巴迪公司拟向伊朗 Qeshm 自由区组织出售 10 架 CRJ900 飞机。

1 月，据媒体报道，墨西哥 Interjet 航空公司的 4 架 SSJ100 飞机因维修而停飞至少 5 个月。

1 月，三菱飞机公司表示，美国东方航空公司最近取消了 20 架 MRJ 支线飞机的确认订单及 20 架选购权，占订单总数的 10%。

1 月 26 日，美国 ITC 否决了庞巴迪公司 C 系列关税政策，认定庞巴迪公司向达美航空出售 C 系列飞机，未对波音公司造成损失。

2 月，巴航工业表示，由于普惠 PW1900G 发动机燃烧室的寿命问题，计划于 2018 年交付的部分 E-Jet E2 系列飞机不得不进行发动机升级改装。

2月12日，一架搭载着工程师团队的SSJ100在伊朗德黑兰梅赫拉巴德国际机场着陆。这是苏霍伊民机公司再度寻求伊朗客户的举措之一。

2月28日，巴航工业E190-E2飞机同时获得了巴西民航局、EASA和FAA的适航认证。

3月，伊留申航空联合体股份公司计划从2020年起每年生产12架伊尔-114-300涡桨飞机，以代替安-24、安-26等老旧机型。

3月，三菱飞机公司表示，4架MRJ试飞机在摩西湖的试飞工作已暂停一个多月，目前正进行飞机升级和地面试验。

3月，俄罗斯运输监管机构Rostransnadzor出于安全考虑，要求俄罗斯所有航空公司停飞安-148支线涡扇飞机。

3月，波音公司表示将不会就ITC针对C系列进口关税的裁决提起上诉，但拒绝透露原因。

3月，俄罗斯政府计划拨款850亿卢布（约15亿美元）用于升级SSJ100，新改型将为75座。

3月21日，SSJ100飞往北极进行试验。

4月，俄罗斯计划在3年内拨款8 270万美元，用于为俄制飞机资助MRO设施，其中包括SSJ100飞机。

4月4日，首架E190-E2交付给维德勒航空公司。

4月，庞巴迪公司将对CRJ飞机的客舱进行重要改进。空客公司完成对C系列飞机的多数股权收购之后，庞巴迪公司将精力和投资转向CRJ飞机和Dash8-Q400飞机。

4月，巴航工业证实，早期交付的E190-E2将在投入运营后的两三个月内更换发动机，以解决 PW1900G 发动机燃烧室衬套的问题。

4 月，俄罗斯副总理罗戈津表示，俄政府将为 SSJ75 项目拨款 60 亿卢布（约 9 500 万美元）。

4 月，苏霍伊民机公司向非洲运营商推销 SSJ100 公务机。

4 月，蒙古航空公司（Aero Mongolia）签署两架 SSJ100 飞机的购买意向书。

4 月，苏霍伊民机公司正式开始研发国产化程度更高的 SSJ100R 飞机。

5 月，苏霍伊民机公司表示，目前仍在为 SSJ100R 评估俄产发动机，但尚未做出决定。

5 月，三菱飞机公司宣布将启动 MRJ70 项目，预计于 2021 年底投入商业运营，主要针对美国市场。

5 月，苏霍伊民机公司表示，SSJ75 将与 MC-21 在驾驶舱上保持高度共通性。

5 月，JetSuite 公司承诺，一旦 Zunum Aero 公司研制的混合电推进飞机取得 FAA 认证，将成为该机型的启动运营商，并订购多达 100 架。

5 月 28 日，波罗的海航空公司与庞巴迪公司签署协议，订购 60 架 CS300 飞机，包含 30 架确认订单和 30 架选购权。

6 月，伊留申航空联合体股份公司选择俄罗斯内饰公司 Rusaviainter 为伊尔-114-300 涡桨飞机设计客舱。

6 月 20 日，达美航空签署了 20 架 CRJ900 确认购买协议，订单总价值约 9.61 亿美元。

6 月 25 日，SSJ100 货机在苏霍伊民机公司 2017 年年报中被列为进一步发展的优先项目。

6月，苏霍伊民机公司向泰国皇家空军交付了第 3 架 VIP 构型的 SSJ100（SBJ）。

7月1日，空客公司宣布收购庞巴迪公司 C 系列飞机多数股权的协议正式生效。根据 2017 年 10 月达成的协议，空客公司拥有 C 系列飞机有限合作公司 50.01% 的股权，而庞巴迪公司和魁北克投资公司分别拥有约 34% 和 16% 的股权。

7月，苏霍伊民机公司预测，到 2030 年，SSJ 系列飞机销量将达 345 架（包括公务机改型），主要销往独联体国家，以及东南亚和拉美国家。

7月10日，空客公司在法国图卢兹宣布将 C 系列飞机更名为空客 A220。空客 A220-100 对应原 CS100 机型，A220-300 对应原 CS300 机型。

7月，秘鲁航空公司与苏霍伊民机公司签署 SSJ100 与 MC-21 的购买意向书。该意向书涉及 20 架飞机，两种机型各 10 架。

7月20日，作为研发 75 座 SSJ100 项目的一部分，苏霍伊民机公司在塔甘罗格设立代表处。该代表处将为 SSJ100 飞机提供支持，同时也将与公司莫斯科工厂合作，参与其他民用航空项目的设计工作。

8月1日，庞巴迪公司宣布，其 Dash8-Q400 飞机 90 座客舱配置通过加拿大交通部认证，成为全球首家 90 座商用涡桨飞机制造商。

9月10日，俄罗斯航空公司与俄罗斯联合飞机制造公司签署 100 架 SSJ100 飞机购买协议，飞机将采用 12 座商务舱和 75 座经济舱布局，交付期限为 2019—2026 年。

9月，苏霍伊民机公司开始研制完全国产化的 SSJ100 飞机，该项目在俄罗斯政府推行的进口替代计划大背景下进行。

9月，比利时布鲁塞尔航空公司考虑与爱尔兰 CityJet 航空公司的

SSJ100 出租合同于 2019 年 3 月到期后，不再续租。

10 月，苏霍伊民机公司表示，将放缓 SSJ100 交付计划，聚焦售后服务。

10 月，印度尼西亚 PT Mandiri 航空公司增购 20 架 N219 涡桨飞机，该机型总订单量达到 120 架。飞机制造商印尼航宇公司（PT Dirgantara Indonesia, PTDI）表示，N219 将于 2019 年 4 月或 5 月取得印尼官方认证，最快 2019 年开始量产，计划产量从 2019 年的 6 架增加到 2020 年的 16 架，最终每年生产 36 架。

11 月，因 SSJ100 美国件单机成本占比 22%，超过美国规定的 10%，苏霍伊民机公司暂无法向伊朗提供 SSJ100。

12 月，空客公司确认已开始在加拿大米拉贝尔新建两座装配设施，用于提高空客 A220 飞机产量。空客公司还计划 2019 年初在亚拉巴马州莫比尔建立空客 A220 总装线。

# ⟨02⟩ 国内支线航空动态

## ✈ 行业动态

### —2017 年—

2 月，中国民用航空局发布《民航节能减排"十三五"规划》。

2 月，中国民用航空局发布《民航教育培训"十三五"规划》。

2 月，中国民用航空局发布《中国民用航空发展第十三个五年规划》。

2 月，国家发改委和改革委员会、中国民用航空局印发《全国民用运输机场布局规划》。

4 月，中国民用航空局发布《民用机场收费标准调整方案》。

6 月，幸福航空联合大连周水子国际机场、烟台蓬莱国际机场合作打造"烟大快线"，幸福航空加密大连—烟台航线至每日 7 班，形成"空中公交"式航班波。

7月1日起，交通运输部近日发布的《民用航空产品和零部件合格审定规定》正式生效。

8月，华夏航空引进首架空客A320，至此进入支线市场开发双机型运营模式。

8月29—30日，巴航工业和中国西部机场集团联合举办第四届中国民航支线航空论坛。

12月，中国民用航空局发布《民用航空国内运输市场价格行为规则》。

12月，幸福航空天津基地获得MA60 1C检维修能力。

12月，幸福航空开通克拉玛依—阿勒泰疆内支线航线，成为克拉玛依市首家基地航空公司。

年底，多彩贵州航空引进第9架E190飞机，该航空公司为全E190机队。

## —2018 年—

1月，中国民用航空局发布新版《民航航班时刻管理办法》，于2018年4月1日正式生效，是我国航班时刻管理一次重大的、根本性的改革。

3月，中国民用航空局出台《关于进一步提升民航服务质量的指导意见》，这是首部全面指导民航服务质量的纲领性文件。

3月，华夏航空首次公开募股成功。

3月30日，华夏航空兰州—吐鲁番—库尔勒航线成功首航。

4月，习近平在博鳌亚洲论坛上宣布中国扩大制造业开放的重大举措。飞机制造行业2018年将取消外资股比限制，其中包括支线飞机。

4月9日，华夏航空博乐—库尔勒航线首航成功。

4 月 15 日，华夏航空库尔勒—那拉提—塔城航线首飞成功。

5 月，中国民用航空局修订发布《国际航权资源配置与使用管理办法》，于 2018 年 10 月 1 日正式施行。

5 月，中国民用航空局下发《北京"一市两场"国际航权资源配置政策》，于 2018 年 10 月 1 日正式施行。

6 月 28 日，2018 年中国支线航空发展论坛在哈尔滨召开。

7 月 10 日，华夏航空开通喀什直飞库尔勒航班。

7 月 12 日，华夏航空开通多条航线，莎车可往来 10 多个城市。

8 月 1 日，成都航空有限公司与阿里巴巴（中国）有限公司在成都举行战略合作签订仪式。

8 月 7 日，多彩贵州航空成功开通贵阳—兴义航线。

9 月，中国民用航空局针对 2018 年冬航季时刻配置工作，下发《2018 年冬航季航班时刻配置政策》。

11 月，中国民用航空局出台《中国民航国内航线航班评审规则》，将于 2019 年夏秋航季起执行。

11 月，中国民用航空局发布《关于深入推进民航绿色发展的实施意见》。

11 月 18 日，由西飞民机与中国民航管理干部学院联合举办的"2018 年中国支线航空与国产支线飞机发展论坛"在西安阎良举行。

## ✈ 型号动态

### —2017 年—

1 月 11 日，MA700 飞机初步设计阶段工作通过评审。

1 月 18 日，西飞民机向尼泊尔航空公司交付第二架 MA60 飞机。

2月8日，ARJ21飞机顺利完成全球首次C检。

4月1日，西飞民机向幸福航空交付第23架MA60飞机。

5月16日，MA600F散装货物型飞机取得中国民用航空局颁发的补充型号合格证。

7月9日，ARJ21飞机取得中国涡扇飞机首张生产许可证。

7月11日，西飞民机向幸福航空交付第24架MA60飞机。

8月31日，新舟系列飞机运送旅客突破1 000万人次。

9月25日，西飞民机向幸福航空交付第25架MA60飞机。

10月19日，第三架ARJ21飞机交付成都航空。

11月17日，ARJ21飞机迎来投入航线运营后的第30 000名旅客。

12月6日，西飞民机与霍尼韦尔公司签署了MA700飞机辅助动力装置主合同。

12月28日，MA60飞机遥感平台基本型获得中国民用航空局补充型号合格证。

12月28日，MA700飞机襟翼结构部件由中航飞机股份有限公司在西安开工制造，货舱门结构部件由航空工业沈飞民机同步在沈阳开工制造。

12月28日，第四架ARJ21飞机交付成都航空。

## —2018年—

1月18日，西飞民机与中国航空技术进出口总公司举行了2架安哥拉MA60飞机签约仪式。

2月26日，中国商飞与华融金融租赁签署30架C919和20架ARJ21飞机购机协议。

3月20日，ARJ21飞机首次在内蒙古开展航线展示运营。

3 月 26 日，ARJ21 飞机在冰岛顺利完成大侧风试飞。

4 月 17 日，中国向尼泊尔交付 2 架运-12E 飞机。

4 月 29 日，中国商飞向成都航空交付第 5 架 ARJ21 飞机。

5 月 2 日，ARJ21 飞机在黑龙江开启枢纽区域化运营。

5 月 11 日，新舟系列飞机亮相第三届丝博会。

5 月 23 日，ARJ21 飞机 111 架机完成第一次飞行。

5 月 28 日，ARJ21 飞机 112 架机完成首次生产试飞。

6 月 9 日，成都航空 ARJ21 机长已达 28 人。

6 月 14 日，运-12F 完成自动飞行控制系统中国民用航空局局方验证试飞。

6 月 20 日，西飞民机与中国气象科学研究院举行 2 架 MA60 增雨机签约仪式。

6 月 28 日，ARJ21 飞机航线运营两年，安全载客突破 10 万人次。

7 月 16 日，中国商飞与海航集团有限公司签署 20 架 ARJ21-700 飞机购机意向书。

7 月 17 日，西飞民机与罗克韦尔·柯林斯、泰雷兹、美捷特和派克·汉尼汾公司，签署了 MA700 飞机航电集成、变压整流器、防火系统、主飞控作动系统等 7 个工作包主合同。

7 月 28 日，运-12 系列飞机取得 14 个国家型号合格证或认可证。

8 月 10 日，ARJ21 飞机 103 架机在吐鲁番完成高温试验。

8 月 15 日，ARJ21 飞机 103 架机在揭阳完成高湿试验。

8 月 24 日，中国商飞向成都航空交付第 6 架 ARJ21 飞机。

9 月 21 日，中国商飞向成都航空交付第 7 架 ARJ21 飞机。

10 月 15 日，中国商飞向成都航空交付第 8 架 ARJ21 飞机。

10 月 15 日，中国商飞和内蒙古天骄航空签订 25 架 ARJ21 飞机合同。

11 月，带有成都航空、天骄航空、乌鲁木齐航空涂装的 3 架 ARJ21 飞机在珠海航展现场进行飞行表演和地面展示。

11 月 6 日，浦银租赁与中国商飞签署 30 架 ARJ21 飞机购买框架协议。

12 月 13 日，中国商飞向成都航空交付第 9 架 ARJ21 飞机。

12 月 22 日，MA700 飞机研制批第 100001 架静力试验机首个大部件总装——机翼翼盒在西飞公司开铆，它标志着 MA700 研制进入总装阶段。

12 月 25 日，ARJ21 在海口进行演示飞行。这是 ARJ21 飞机第一次进行载人跨水试验，展示了飞机在热带海洋性气候下的适应性。

12 月 29 日，中国商飞向成都航空交付第 10 架 ARJ21 飞机。

# 参考文献

陈若玮，2017. 从补贴看中国支线航空政策发展 [J]. 大飞机，33（3）：36-39.

李小群，2013. 支线航空发展政策与调整方向 [J]. 中国民用航空，167（12）：13-15.

那张军，余哲，2014. 长三角"民航-高铁联运"模式发展研究——以杭州、无锡为例 [J]. 无锡商业职业技术学院学报，14（3）：41-45.

秦灿灿，徐循初，2005. 法兰克福机场的空铁联运 [J]. 交通与运输，（12）：46-49.

赵学训，2005. 支线航空与支线飞机 [M]. 北京：中国民航出版社 .

LARRY MACDONALD L，2012.The Bombardier story:From Snowmobiles to Global Transportation Powerhouse(2nd Edition) [M]. Hoboken: Wiley.

# 后　记

　　"描述中国支线航空产业生态，客观反映中国支线航空产业发展的现状、产业潜力与价值、面临的发展瓶颈，以及亟须塑造的生态圈环境"，是编委会编写《中国支线航空产业发展研究》的初心，但在长达两年的编写过程中，无论是学术界，还是产业界，似乎都无法准确地定义何时才是符合实际的中国支线航空产业的历史开端，但我们也有理由相信，伴随着对中国支线航空产业发展面临的挑战与机遇的清醒认识、伴随着对体现当今支线航空市场生态与特征的重新定义、伴随着对若干政策因素的梳理、伴随着 ARJ21 飞机正式投入运营、伴随 MA700 项目的正式启动、伴随着国内支线航空运营与制造两条线的共同发展……也必将为重新定义新时期中国航空运输业的发展留下新的历史坐标。

　　记得两年多前，编委会在对《中国支线航空产业发展研究》进行最初框架定义的时候，遇到的第一个困境竟然是学术界及产业界都缺少对于"支线航空产业""支线航空市场""支线航空运输业"的准确定义，以及彼此间内在关系的清晰描述，这也恰恰反映了当今中国支线市场生态的问题，同时也体现了编写本书的必要性。

　　在长达两年多的编写和出版时间里，编委会尝试为中国支线航空产业进行首次综合的"产业画像"，编委会的成员涵盖行业内研究机构专家、航空公司、机场集团和飞机主制造商等，调研几乎覆盖全部支线航空公司，编写过程中数易其稿，梳理了 100 多项问题，与学术界和产业界达成一定的共识。

这些研究探索工作，尝试解构支线航空在航空运输业中的地位，推动中国支线航空产业发展，使其成为中国航空运输业产业升级和持续发展的"催化剂"与"加速器"。希望本书能够对政府、产业各方和广大读者在理解与支持支线航空产业方面有所帮助。

当然，由于缺乏经验，《中国支线航空产业发展研究》也有很多不成熟的地方。例如，我们试图描述清楚中国干线和支线航空产业模糊的成因、试图寻找构建适合中国国情的支线运营商业模式、试图探索金融服务支线航空产业发展的方式、试图为支线航空产业对当地经济发展的影响构建模型、试图呈现支线航空产业发展提升百姓幸福指数的数据……但遗憾的是，本书暂时不能实现，所有这些问题的答案需要更多的分析工作，甚至需要大数据的分析工具来发现凭借经验、历史文件"碎片"所不能发现的问题，需要可视化的呈现效果来解读内在的关联，这也正是我们持续开展工作的方向。

由于写作与出版周期较长，本书数据及信息收集截至 2018 年底，在此之后，影响全球支线航空产业发展的重大事件接踵而来。庞巴迪在 2019 年将 CRJ 系列飞机项目出售给三菱重工，彻底退出民用航空主制造商行列；受新冠疫情影响，全球航空业遭遇前所未有的重创，波音公司与巴航工业民机业务的收购交易宣告"流产"。而另一方面，机队机型全部是 ARJ21 飞机的天骄航空于 2019 年 7 月 26 日正式首航；江西航空首架 ARJ21 飞机"井冈山"号于 2020 年 5 月 15 日首航；中国商飞与国航、东方航空、南方航空三大航空公司签订 105 架飞机订单，并于 2020 年 6 月 28 日同时交付首架飞机。截至 2020 年 6 月底，ARJ21 飞机已交付 33 架，商业载客近 100 万人次。中国支线航空运输业与制造业正在互促互进，产业发展步入快车道。

正如习近平所说："今天，……，我们比历史上任何时期都更接近中华民族伟大复兴的目标，比历史上任何时期都更有信心、有能力实现这个目标。"当中国商用飞机制造业展现出更多的商业精神，当中国航空运输业展现出更成熟的发展理念，当面向高质量的发展成为全行业的价值共识，我们有理由相信，中国支线航空产业将更加充满发展的活力。多年以后，当回溯历史发展的细节，希望《中国支线航空产业发展研究》的出版将会成为一个具有历史价值的行动。

本书编委会

2020 年 7 月